La Graphologie

Couverture

- Maquette:
  GAÉTAN FORCILLO
- Photo
  BERNARD PETIT

Maquette intérieure

- Conception graphique:
  JEAN-GUY FOURNIER

DISTRIBUTEURS EXCLUSIFS:

- Pour le Canada:
  AGENCE DE DISTRIBUTION POPULAIRE INC.*
  955, rue Amherst, Montréal H2L 3K4 (tél.: 514-523-1182)
  *Filiale de Sogides Ltée
- Pour la France et l'Afrique:
  INTER-FORUM
  13, rue de la Glacière, 75013 Paris (tél.: 570-1180)
- Pour la Belgique, la Suisse, le Portugal, les pays de l'Est:
  S.A. VANDER
  Avenue des Volontaires, 321, 1150 Bruxelles (tél.: 02-762-0662)

Claude Santoy

La Graphologie

LES ÉDITIONS DE L'HOMME*
CANADA: 955, rue Amherst, Montréal H2L 3K4

*Division de Sogides Ltée

DU MÊME AUTEUR

L'Araignée d'Angkor, 1971
Les Échecs en trois jours, Solar, 1974 (co-auteur)
Les Échecs, Denoël, 1976
Devenez un bon joueur d'Échecs, Eyrolles, 1979
Le Guide des Échecs, Nathan, 1980
Schule des Schachs, Beyer, 1983 (en allemand)
Échecs et Maths, Marabout, 1983
Les Ouvertures, Marabout, 1983
Flash-Échecs, Marabout, 1983 (pour enfants)
Les Finales aux Échecs, Éditions de l'Homme, 1984

Bibliothèque nationale du Québec
Dépôt légal — 2e trimestre 1984

ISBN 2-7619-0342-0

Introduction

Histoire et Réalité

L'analyse de l'écriture est fondée sur une science précise. Vous n'avez besoin d'aucun don parapsychologique pour vous initier et pour progresser dans l'interprétation des manuscrits. Certains profanes préfèrent la saupoudrer de soufre et s'adresser en cachette à une voyante ou à une cartomancienne. D'autres, plus cyniques, haussent les épaules et parlent d'occultisme lorsqu'il est question de graphologie.

L'origine exacte de cette science ne peut être attestée avec certitude; depuis l'existence des premiers écrits, l'homme s'est attaché à l'interprétation des signes. Déjà au XIe siècle, le Chinois Kuo Jo Hsu a dit: *l'écriture révèle l'homme noble ou l'homme ordinaire.* En 1662, Camillo Baldo, professeur à Bologne, publia un manuel intitulé: *De la manière de connaître la nature et les qualités de l'écrivain par une lettre missive.* Ce traité est davantage empreint de philosophie que de règles graphologiques absolues. Beaucoup plus tard, le savant allemand Lavater fit imprimer une étude sur la connaissance de l'être à travers son écriture. Divers almanachs se mirent à traiter le même sujet. Cependant ce fut en France, au XIXe siècle, que l'abbé Michon réussit à approfondir et à rationaliser la science graphologique; avec Desbarolles, il fut le véritable fondateur de la méthode cartésienne encore utilisée dans une large mesure de nos jours. Ses ouvrages, comme *Les Mystères de l'Écriture* ou *Méthode pratique*, parus en 1869, montrent un esprit d'observation étonnant. Au XXe siècle, le Suisse Max Pulver et les Français Crépieux-Jamin, Ania Teillard et Anne-Marie Cobbaert, entre autres, font autorité en la matière.

La psychanalyse de Freud, Adler, Jung, jusqu'à Cooper, Laing, Dolto et Lacan, a également contribué à l'évolution et à la compréhension intrinsèque de la science graphologique. Cette contribution reste encore assez unilatérale, bien qu'il soit souhaitable que les psychanalystes se penchent davantage sur l'emploi de la graphologie pour résoudre leurs problèmes et ceux de leurs patients. D'ailleurs, certains cas de névroses peuvent être guéris à l'aide de la graphologie. Il a été prouvé que l'effort fourni par le malade pour faire disparaître les signes néfastes de son écriture produit le même effacement des traits correspondants de son caractère. La réussite de cette thérapie nécessite un minimum de volonté de la part du sujet. En l'absence de celle-ci, elle n'est évidemment pas applicable.

En revanche, l'utilisation de la morphologie ou de la chiromancie comme compléments de la graphologie nous paraît plus douteuse; de même que l'ancienne classification de l'être humain en sanguin, biliaire, lymphatique ou nerveux et apathique. Le caractère de l'homme est bien plus complexe et son écriture nous montre maints traits cachés en contradiction avec son aspect physique et parfois même avec son comportement apparent.

De nos jours, l'usage de la graphologie se répand de plus en plus dans le monde entier. Les entreprises obligent presque toujours les candidats à un nouveau poste à écrire leur *curriculum vitae* à la main pour le soumettre ensuite à un graphologue. La police et les notaires font également appel à lui pour déceler les faux de toutes sortes.

Dans votre vie privée et sociale, la graphologie peut vous être d'un grand secours. Elle vous fera gagner du temps et vous mettra à l'abri de fréquentes déconvenues.

Grâce à vos connaissances en graphologie, vous saurez immédiatement si le caractère de votre interlocuteur vous convient. Chaque être humain a des défauts; il est cependant préférable de les déceler afin de savoir s'ils sont compatibles avec notre conception du monde. Aussi le graphologue ne doit-il pas s'ériger en moralisateur. Il se bornera à constater les faits; et, dans certains cas, il se verra obligé de nuancer ses constatations. Supposons, par exemple, que vous vous trouviez en face d'un sujet fragile, susceptible, dont l'écriture renferme tous les traits inhérents à la fourberie et au mensonge. Inutile de le confondre ouvertement et de le plonger encore davantage dans la confusion. Parlez-lui de son «habileté en affaire» et de son sens très prononcé pour «la diplomatie». Cela flattera son orgueil et vous saurez néanmoins à quoi vous en tenir. Si le sujet est moins fragile, vous pouvez transformer sa «mythomanie» en «dissimulation». Cette anesthésie s'impose lorsque vous êtes amené à faire ces analyses en public, pour des amis, comme cela se produit souvent. En l'occurrence, l'obsédé sexuel devient simplement très «sensuel» et ainsi de suite.

Sur tous les plans, l'initiation à la graphologie enrichira votre vie, que ce soit dans le domaine des amitiés – même particulières – ou dans le domaine professionnel. Ainsi vous épargnerez-vous un grand nombre d'expériences superfétatoires. Vous vivrez plus intensément en connaissant les pensées les plus secrètes, les capacités, les tendances concrètes et abstraites et la sexualité des personnes qui vous entourent. Comme le médecin, vous vous amuserez à déshabiller vos amis et même les inconnus les plus pudiques pour les laisser nus sur le sable... à votre merci.

Avant d'entamer le sujet, libérez-vous des notions communes comme «belle écriture» et «mauvaise écriture». Le graphologue sérieux a d'autres critères de jugement. Un spécimen de formes scolaires très régulières peut révéler, chez un homme de cinquante ans, un caractère attardé si ce n'est pas une névrose obsessionnelle; chez un enfant, cette écriture n'a rien d'anormal. En revanche, une écriture jugée médiocre ou même illisible par le néophyte peut être harmonieuse pour le graphologue.

Aussi avons-nous évité dans notre ouvrage de prendre comme exemple des hommes célèbres, car ils se situent en général en dehors des normes avec tous les excès que de tels caractères peuvent présenter. Le tempérament paranoïaque de Jean-Jacques Rousseau, par exemple, n'enlève rien à la beauté de son oeuvre mais se révèle dans son écriture. Les spécimens de personnalités connues, encore vivantes, qui figurent dans notre manuel, illustrent des particularités de l'écriture qui ont une portée générale.

Le graphologue n'a pas besoin de connaître la langue dans laquelle est rédigée la missive, du moment qu'elle est écrite de gauche à droite et de haut en bas de la feuille. Seules les maladies graves, physiques ou psychiques exigent la lecture du contenu, pour constater l'absence de mots, de lettres,ou des fautes d'orthographe. Peu importe l'enseignement scolaire du pays d'origine de l'auteur. Ainsi serez-vous capable d'analyser des écritures russes, allemandes, anglaises et espagnoles, entre autres. Notre nouvelle méthode comparative, étayée d'exemples en langues variées pris sur le vif, et de tests, vous permettra de pénétrer rapidement et sans peine dans l'intimité de vos amis et de vos collaborateurs à bon escient.

C.S.

Chapitre premier

A. LE MATÉRIEL

L'étude et l'exercice de la graphologie demandent peu d'équipement. Une règle, un rapporteur et une loupe vous suffisent. Un stylo sans encre peut vous aider dans certains cas à retracer les lettres pour évaluer la rapidité et la direction des signes.

Les conditions: il est souhaitable de connaître le sexe, l'âge et la profession de l'auteur d'un document. Aussi le débutant évitera-t-il les gauchers qui demandent un traitement à part, de même que les enfants, car ces derniers sont encore trop instables.

Demandez au candidat qui veut être analysé de vous écrire une lettre sur du papier blanc, sans lignes ni carreaux. Veillez à ce qu'il ne mette pas un buvard aux tracés rectilignes dessous. Il est également déconseillé d'écrire avec un crayon à mine de plomb ou avec un feutre. Le stylo à bille ou à l'encre s'impose, afin de juger de la pression de l'écriture.

Ce candidat pourra soit vous envoyer cette lettre, soit l'écrire devant vous; s'il s'exécute devant vous, il vous sera plus facile de constater la vitesse de son geste. Nous verrons l'importance de cette notion plus loin. Refusez les copies ou une poésie quelconque. Les phrases doivent être naturelles et spontanées. La lettre doit avoir au moins une page, elle doit être signée et envoyée dans une enveloppe avec l'adresse. Lorsqu'il s'agit d'un ami, le néophyte lui demandera de dessiner un serpent de l'autre côté.

B. LES ZONES PSYCHOLOGIQUES

Le symbolisme de ces zones nous aidera à interpréter la disposition, l'inclinaison et la dimension des signes d'une écriture à analyser.

Zone supérieure: tendances intellectuelles, aspirations spirituelles, sentiments religieux, ambitions élevées.

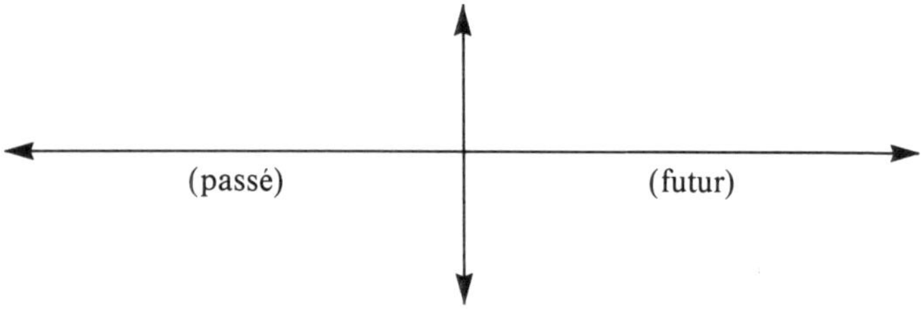

Zone médiane: vie intérieure consciente et matérialisme.

Zone inférieure: dépenses physiques, tendances sexuelles et matérielles.

La zone supérieure est illustrée par les hampes, les accents et les majuscules, la zone médiane par le corps des lettres minuscules et la zone inférieure par les jambages.

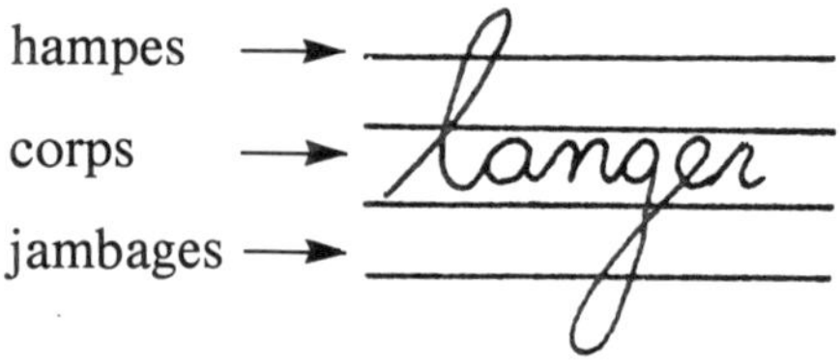

inclinaison de l'écriture

droite

régressive

progressive

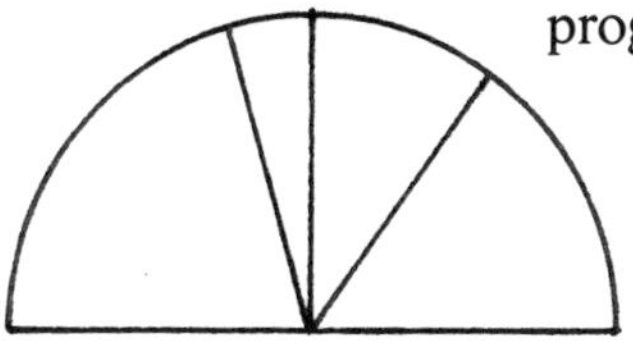

progressive
(futur)

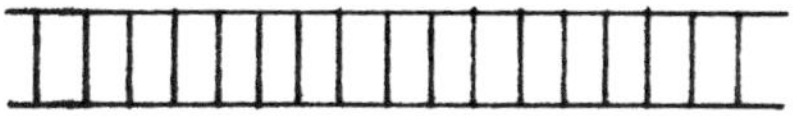

droite
(présent)

régressive
(passé)

C. L'ANALYSE

L'initiation par la pratique. Choisissez un homme ou une femme qui vous intéresse spécialement et dont vous possédez une lettre manuscrite. Posez ce document à côté du manuel. Ensemble, nous allons étudier les différentes phases de notre analyse. En même temps, vous écrirez sur une feuille séparée les caractéristiques qui s'appliquent à votre lettre, afin de pouvoir faire une synthèse à la fin du chapitre. En effet, dans une écriture, ce ne sont pas les petits signes qui peuvent révéler la personnalité du sujet, mais l'interaction de l'ensemble du graphisme. Ainsi la façon de tracer une lettre prise à part n'a aucune signification.

Notre méthode d'initiation est très simple et doit permettre à quiconque d'arriver rapidement à des résultats concrets. Maintenant, si par hasard vous êtes très impatient et qu'une étude scientifique, quelle qu'elle soit, vous répugne, vous pouvez sauter les pages et vous mettre à la recherche frénétique d'un spécimen d'écriture semblable à celle de votre lettre, afin de lire la conclusion de l'auteur ou des auteurs, et de savoir si vous devez consulter une douzaine d'ouvrages de graphologie différents pour trouver exactement ce que vous recherchez. Bien entendu, une autre écriture tout à fait identique ne peut exister.

I. La disposition

a) Les marges

La marge à gauche de la lettre:

- **assez large** et régulière, indique la logique et la capacité d'organiser son travail; si d'autres signes le confirment, le sujet fait preuve de bonté;
- **très large,** dénote une grande culture, une tendance à la prodigalité et parfois une certaine réserve en société;
- qui se **rétrécit dans le bas,** révèle l'introversion, la prudence et la crainte;
- **étroite** en haut, puis élargie. Le sujet lutte contre son égoïsme et essaie de se montrer plus généreux;
- **irrégulière,** peut signifier l'instabilité du sujet si d'autres symboles le confirment;
- **absente,** elle dit manque de culture et tendance à l'avarice.

La marge à droite de la lettre:

- **irrégulière** ou **absente,** bonne adaptation à la vie;
- **très large,** elle indique la pudeur et l'isolement. Avec une écriture introvertie et une marge large à gauche, elle

montre une tendance vers la névrose si d'autres signes le confirment;

- **large,** crainte et réserve;
- **moyenne,** avec une marge gauche assez large, le sens esthétique et la culture.

b) L'espace supérieur de la lettre:

- **absent,** dénote le sens de l'économie ou un manque d'éducation;
- **large,** respect des convenances, politesse;
- **trop large,** modestie exagérée, manque de confiance en soi, complexe d'infériorité.

c) L'espace inférieur de la lettre:

- **absent,** ou **étroit,** matérialisme, sensualité;
- **très large,** crainte des émotions sexuelles et des réalités de la vie;
- **moyen, proportionné** à l'espace supérieur, bon équilibre, sens de l'organisation et de l'harmonie.

d) Écriture centralisée avec des marges et espaces exagérés:

cette disposition révèle l'isolement proche de la névrose du sujet.

e) Absence de marges et d'espaces:

égoïsme et avarice, manque de culture.

f) Les espaces entre les lignes et entre les mots:

espaces réguliers: caractères équilibré, bonne adaptation sociale, sens de l'organisation.

Pour un Bonheur Échiqueen-
Ou un Bonheur tout court.

espaces larges:générosité;

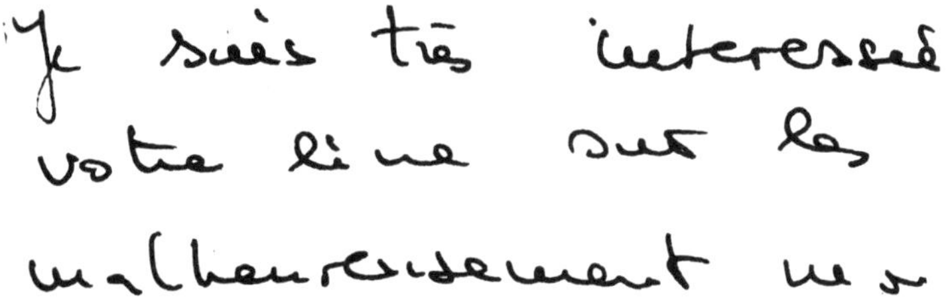

espaces trop larges: isolement, prodigalité, amour du luxe, indépendance, inhibitions psychiques;

espaces limités: besoin d'être entouré, le sujet ne peut pas se passer des autres;

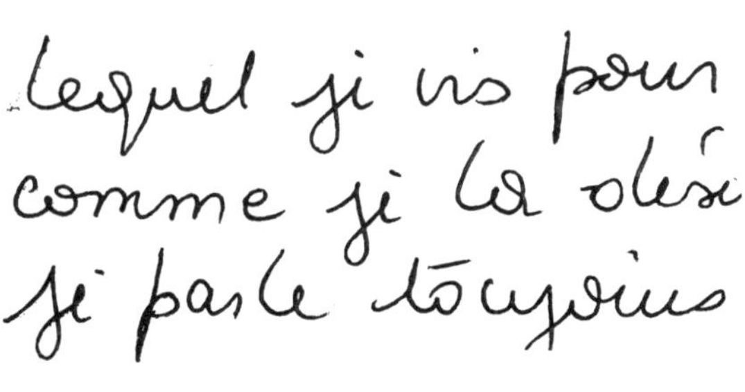

espaces absents, mots et lignes enchevêtrés: impulsivité, confusion d'esprit, émotivité instable, souvent volonté faible;

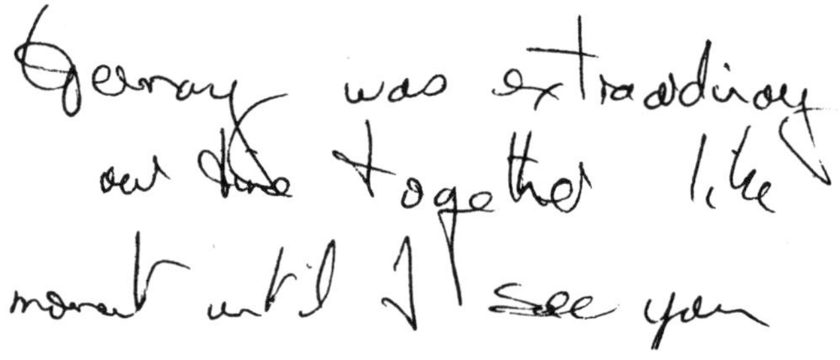

espaces irréguliers: instabilité, manque de maturité affective, crédulité.

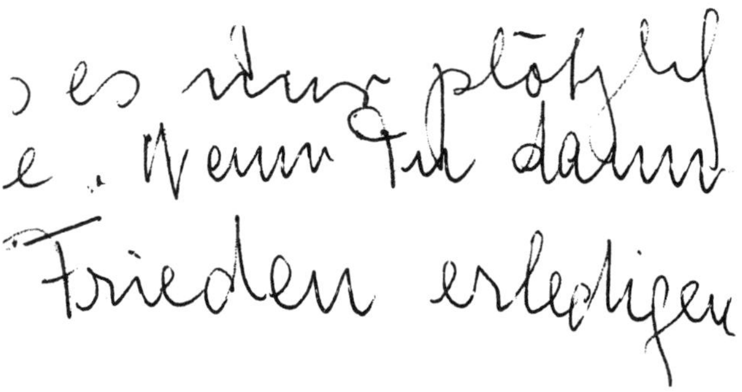

Ces notions seront évidemment étayées par un grand nombre d'autres appréciations. Dans le deuxième chapitre, lorsque vous connaîtrez les significations les plus élémentaires, vous verrez l'interaction de l'ensemble à travers l'analyse des exemples pratiques pris sur le vif.

II La direction

a) Inclinaison des mots et des lettres:

L'écriture progressive:

– **moyenne,** bonne adaptation sociale, sujet ambitieux, équilibré;

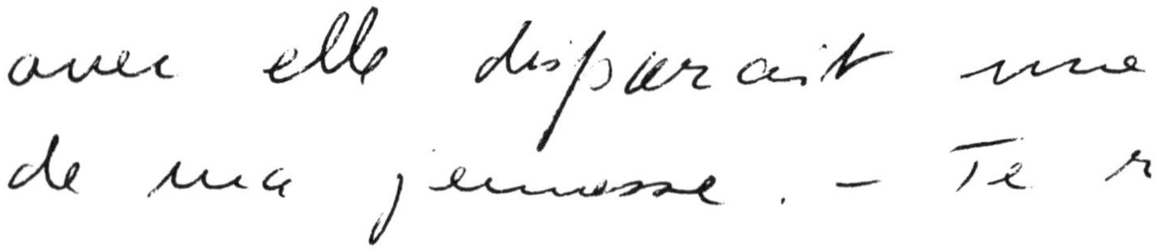

– **extrême,** sujet trop passionné, trop impatient, irritable, instable, impulsif, ignore le danger, crédule, se laisse influencer, susceptible.

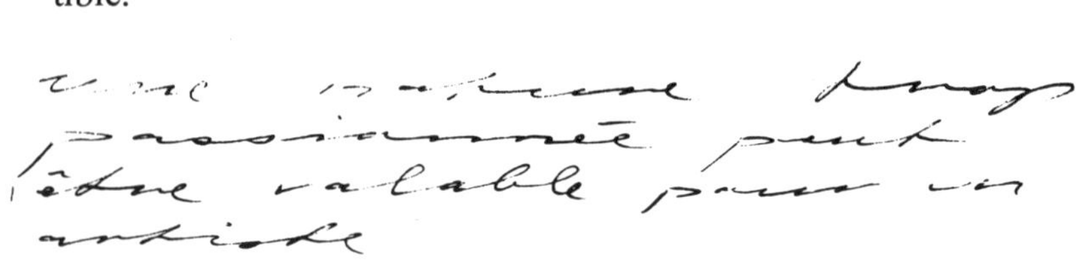

L'écriture droite: sujet indépendant, sûr de lui, méthodique et réaliste, bien adapté à la vie et au travail. Sens critique, ambition. Parfois d'aspect froid. Émotions contrôlées. Fidèle, équitable, fier, tenace, inhibé, isolé, réticent. (Comme toujours, ces appréciations s'ajouteront aux autres signes qui se trouvent dans chaque spécimen donné.)

l'air calme et
de notre capitale

L'écriture renversée et régressive (appelée aussi sinistrogyre):
– **légèrement penchée à gauche,** sujet introverti, isolé; attitude défensive, réservée, prudente. Grande indépendance d'esprit. Tendance aux névroses. Complexes variés, inhibitions sexuelles, manifestations narcissiques et égocentriques, entêtement, concentration.

aux tuileries.
Que devenez vous ?
passé votre congé ?

– **très renversée,** les mêmes appréciations que ci-dessus en plus exacerbées. Ici il est difficile de faire confiance au sujet. Ce dernier risque de se réfugier dans le mensonge par crainte. Fourberie.

– **l'écriture progressive avec des mouvements régressifs.** Si d'autres signes le confirment, le sujet peut mentir. Tendances égocentriques et narcissiques. Parfois complexe d'Oedipe. (Voir l'enroulement des **o** et des **a**.)

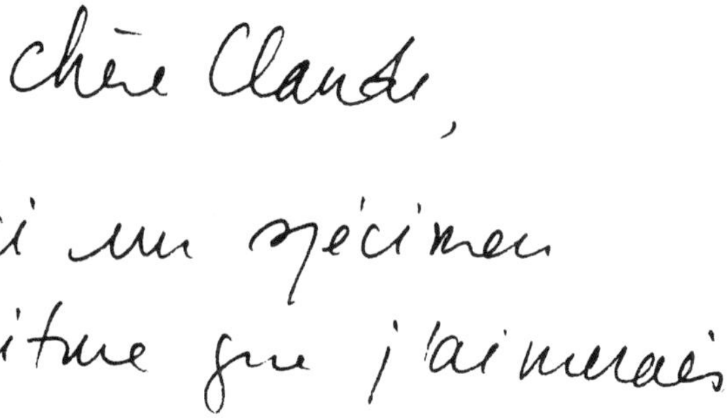

– **l'écriture droite avec des lettres régressives** dénote également l'insincérité du sujet. (Voir mouvements vers la gauche.)

L'écriture à direction fluctuante: elle montre une certaine instabilité de caractère. Le sujet se réfugie tantôt dans le rêve, dans des entreprises et aventures variées, tantôt dans la quête d'argent et de sécurité matérielle. Cette direction fluctuante peut se produire dans le même document ou dans des lettres différentes du même sujet. (Les deux derniers spécimens, **c** et **d**, proviennent de la même personne.) Dans nos quatre exemples, l'instabilité est encore soulignée par la sinuosité que nous verrons plus loin. Votre règle et le rapporteur vous aident à évaluer la direction.

b) Inclinaison des lignes:

Lignes droites: bon équilibre, sujet digne de confiance, ponctuel, exigeant pour lui-même et les autres, égalité d'humeur. Parfois, si l'écriture est anguleuse entre autres, apparaît une certaine dureté. La passion et aussi une tendance à la névrose ne sont pas exclues lorsque l'ensemble est trop monotone. (Voir exemples.)

a) bon équilibre, intelligence

b) névrose obsessionnelle, absence d'équilibre et de pensée.

ou

Lignes montantes: c'est souvent une marque d'optimisme et d'enthousiasme, mais cela peut également indiquer un brusque accès de colère ou d'impatience. Lorsque la ligne monte trop, l'utopie et l'agitation se révèlent.

Lignes montantes en chevauchant: Si vous posez votre règle sous les lignes, vous verrez que les mots montent sans que la ligne de base ne change. L'enthousiasme est freiné par le raisonnement. Dans une écriture régressive, c'est-à-dire avec des lettres penchées à gauche, le sujet contrôle mal son émotivité. L'euphorie se mue en dépression. Le sujet est souvent cyclothymique.

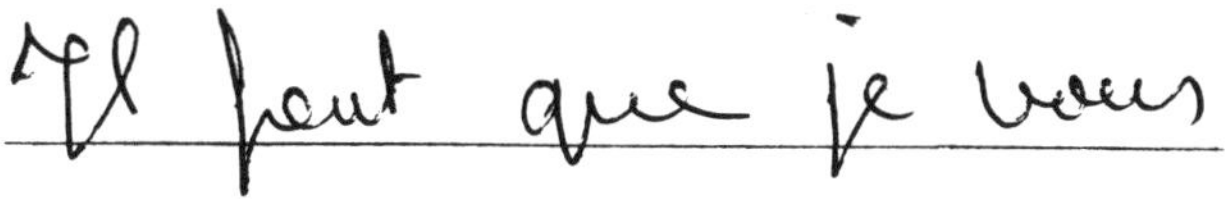

Lignes descendantes: lassitude, asthénie, dépression, mélancolie, mauvaise santé (selon les autres signes). Ajoutons cependant que ce n'est jamais un facteur très positif.

Lignes descendantes en chevauchant: les mots commencent tous sur une ligne droite avant de plonger. Selon Crépieux-Jamin, le sujet fait preuve de persévérance malgré son manque de volonté qui voue ses entreprises à l'échec.

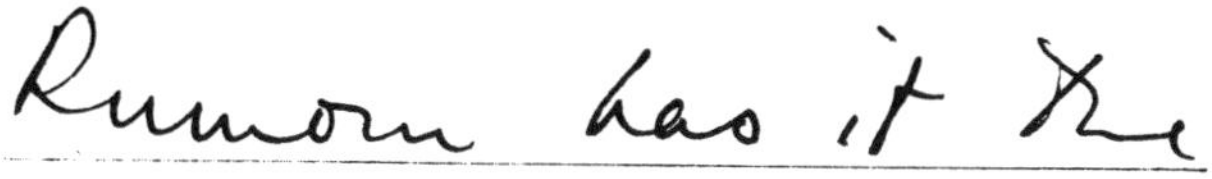

Lignes sinueuses: très fréquentes chez les auteurs intelligents, cultivés et réceptifs. Parfois signe d'instabilité. (Voir analyses du chapitre suivant).

Lignes concaves: elles descendent un peu d'abord et remontent ensuite. Ardeur et espoir qui se manifestent à retardement.

Lignes convexes: déclin de l'enthousiasme et des émotions initiaux.

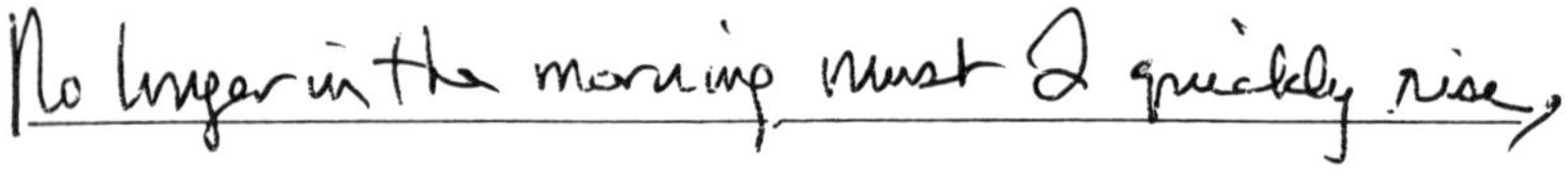

Lignes à direction variable: grande sensibilité, luttes et confusions psychiques. Déséquilibre manifeste. Il est difficile de faire confiance à un tel sujet.

Résumé illustré

Lignes montantes

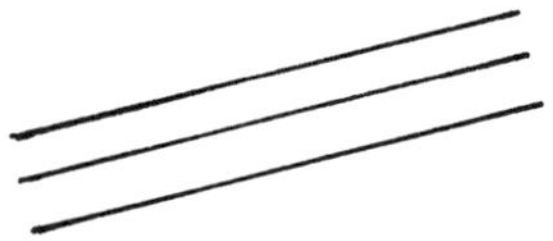

Lignes montantes en chevauchant

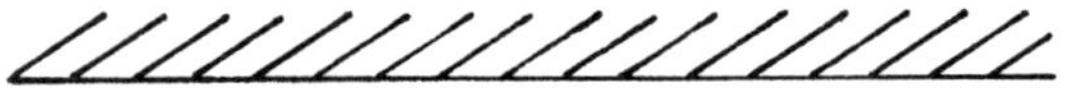

Lignes descendantes

Lignes descendantes en chevauchant

Lignes sinueuses

Lignes concaves

Lignes convexes

Lignes variables

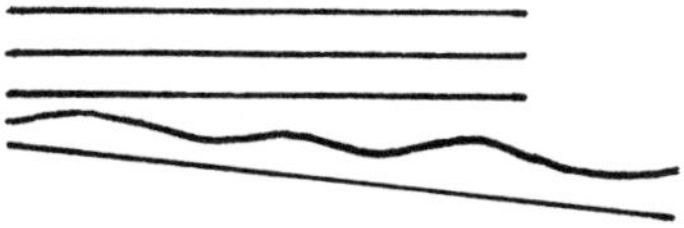

Les notions de la direction et de l'inclinaison sont subtiles. Nous verrons que toutes les lignes à analyser demandent un oeil exercé.

III. La rapidité par rapport à l'harmonie

Les graphologues parlent toujours d'écriture «harmonieuse» ou «inharmonieuse». Les quelques détails que nous avons étudiés sur l'inclinaison des lettres vous ont déjà montré que le spécialiste a une vision différente de celle du néophyte quant à la beauté d'un manuscrit. Que signifie donc cette harmonie qui entre dans toutes les appréciations? C'est tout simplement le degré d'intelligence et de culture de l'auteur. Ainsi, par exemple, au lieu de dire que nous avons affaire à une écriture «bête» qui provient d'un esprit inculte et confus, nous utilisons le terme «inharmonieuse». Ajoutons que les défauts, comme les tendances criminelles ou le mensonge, sont toujours beaucoup plus aigus dans une écriture «inharmonieuse».

Un des facteurs primordiaux de l'écriture harmonieuse réside dans sa rapidité. En effet, une personne cultivée et intelligente écrit plus souvent à la main qu'un sportif qui ne lit jamais un livre. Encore convient-il de nuancer notre jugement. C'est la raison pour laquelle nous vous avons indiqué au début du premier chapitre qu'il faut demander le sexe, l'âge et la profession de l'auteur. N'oublions pas qu'un artiste peintre, un compositeur de musique ou même un écrivain de renommée peut avoir une écriture inharmonieuse s'il écrit rarement ou tape essentiellement à la machine. Aussi, certaines personnes sont-elles plus adroites de leurs mains que d'autres.

Cependant, un grand nombre de gens qui demandent à être analysés ont une instruction supérieure et un métier où ils assument des responsabilités. Si maintenant ils font preuve d'une lenteur excessive, nous pouvons soupçonner quelque trouble psychique ou physique selon les différents signes et leur interaction.

Chez quelqu'un qui a peu l'habitude d'écrire et de penser, le graphologue, aussi expert soit-il, aura du mal à trouver autre chose que des maladies ou des défauts évidents. En l'absence d'idée et de personnalité, le vide absolu ne peut engendrer que le vide à travers l'écriture. La même chose se produit avec les lettres des enfants dont les idées ne sont pas encore structurées et qui changent de caractère d'un mois à l'autre. Cette instabilité évolutive est tout à fait normale chez eux; tant qu'ils ne manifestent pas de troubles graves, visibles à travers l'écriture, l'analyse ne s'impose pas chez les jeunes avant dix-huit ans et parfois vingt-trois ans. En effet, certains signes, normaux chez l'adolescent, deviennent négatifs chez l'adulte. C'est le cas pour la vitesse.

L'essence de l'écriture «harmonieuse» de l'adulte réside ainsi dans la rapidité. Comme nous écrivons de gauche à droite, nous pouvons estimer à juste titre que tout mouvement régressif et tout excès ralentissent notre geste. Énumérons les mouvements qui peuvent rendre l'écriture **inharmonieuse:**

- traits tournés vers la gauche;
- traits couvrants;
- majuscules trop grandes;
- fioritures variées;
- points et traits superflus;
- écriture maniérée ou ovalisée;
- écriture trop grande;
- enroulement des voyelles;
- écriture scolaire, impersonnelle.

Ici ausssi, il y a des exceptions. J'ai vu des candidats surdoués écrire très vite malgré une grande quantité de mouvements sinistrogyres. Concluons qu'en général, une écriture assez réduite, progressive et simplifiée provient d'un auteur intelligent et cultivé. Elle est donc «harmonieuse». Aussi pouvez-vous observer votre candidat, lorsqu'il écrit devant vous, afin de connaître la rapidité de l'exécution.

• Écriture rapide et **harmonieuse**

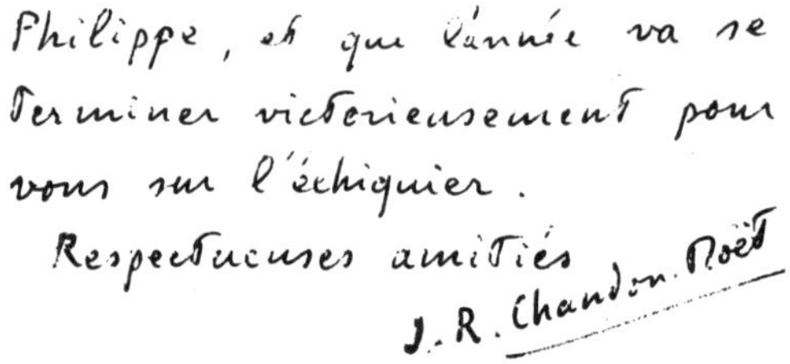
Philippe, et que l'année va se terminer victorieusement pour vous sur l'échiquier.
Respectueuses amitiés
J.R. Chandon Moët

• Écriture rapide, **harmonieuse,** malgré quelques petits problèmes (trop grande nervosité, insatisfaction sexuelle: signes boueux, enroulements, jambages inégaux et ouverts, passion exacerbée qui se voit dans la signature trop couchée vers la droite). Exemple d'une femme surdouée.

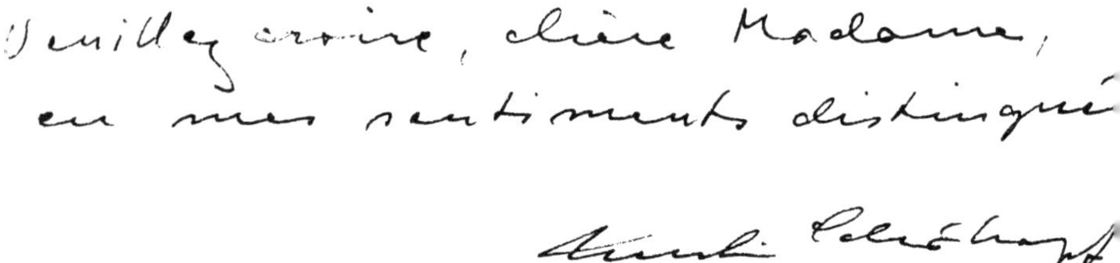
Veuillez croire, chère Madame, en mes sentiments distingués

• Écriture lente **inharmonieuse** d'un jeune homme peu instruit et pas très intelligent. Dimension trop grande, traits couvrants.

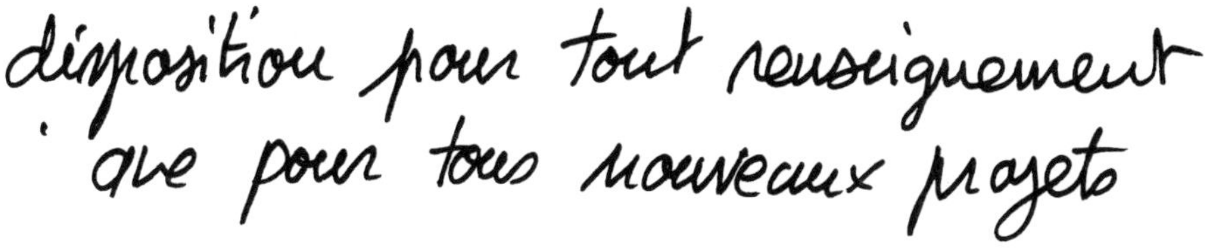
disposition pour tout renseignement que pour tous nouveaux projets

• Écriture lente **inharmonieuse,** observez les mouvements excessifs et régressifs.

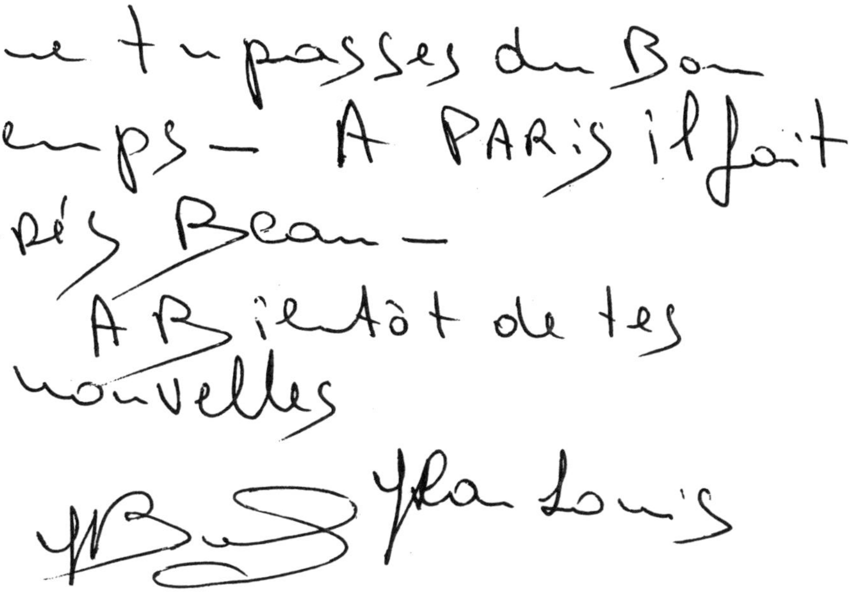
que tu passes du Bon temps — A PARIS il fait trés Beau —
A Bientôt de tes nouvelles
Jean Louis

IV. La dimension

Lorsque les lettres minuscules dépassent 3mm, l'écriture devient grande; en dessous de 2mm elle est considérée petite. Les majuscules respectives ont le double de cette hauteur. Il y a aussi, évidemment,des écritures excessives, en dessous ou largement au-dessus de ces normes. Comme tous les autres signes excessifs, ils révèlent des tendances pathologiques et se retrouvent fréquemment chez de grands artistes, hommes politiques ou philosophes.

La plupart des femmes ont une écriture plus grande que les hommes. Un homme très instruit et cultivé écrit rarement très grand; il préfère économiser son temps. Un tracé qui dépasse 3mm ne peut être rapide. Maintenant un sujet ambitieux, coléreux et impatient du genre extraverti au caractère envahissant, a parfois une grande écriture malgré son intelligence supérieure. Ce sont toujours des êtres épuisants.

Un tracé aux hampes et aux jambages démesurés, même si le corps des lettres est normal, décèle les aspirations utopiques et l'orgueil.

En revanche, une écriture où les majuscules, les hampes et les jambages dépassent à peine le corps des lettres dénote souvent un complexe d'infériorité et diverses autres frustrations selon les signes complémentaires. Dans une écriture trop petite, l'avarice apparaît.

Répétons qu'il ne suffit pas de voir une écriture droite aux dimensions normales et aux formes dépouillées pour conclure à l'équilibre de l'auteur, car elle peut être maniérée ou monotone comme c'est le cas chez les névrosés apathiques à la libido bloquée. (En graphologie, la libido signifie l'envie de vivre, la sexualité et la volonté confondues.) Les gens crédules font des lettres plus grandes à la fin de leurs mots; les lettres qui diminuent à la fin des mots désignent la fatigue et la nervosité, parfois la causticité. On l'appelle l'écriture gladiolée.

Nos exemples pris sur le vif vont vous aider à saisir nos allégations. Comparez les spécimens aux lettres de vos amis.

a) Dimension normale (Illustration avec analyses succintes)

• Jeune femme de 24 ans, agrégée de lettres, indépendante et prodigue (espaces), esprit analytique et intuitif (liaisons et juxtapositions). Amabilité, spontanéité (rondeur des lettres).

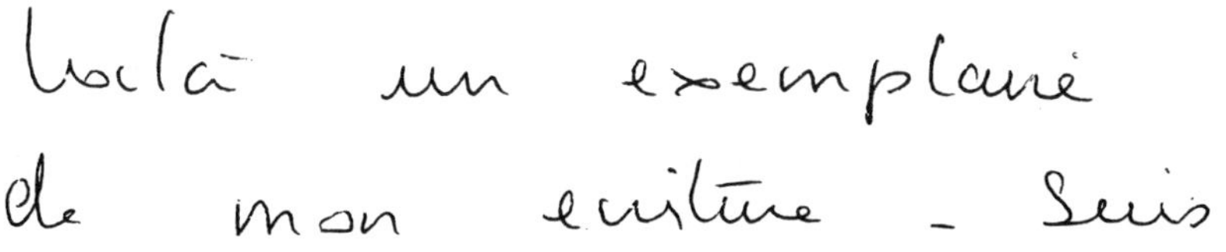

b) Dimension grande

• Universitaire de 45 ans qui s'occupe de gestion ainsi que de recherche biologique. Très intelligent mais irascible, coléreux; égoïste et matérialiste, il n'est pas satisfait de sa position. Il souffre de ses ambitions frustrées. Sociable par intérêt. (Voir écriture acérée, signes régressifs et barre de **t** lancée. Les petites boucles à l'intérieur des voyelles témoignent de son amabilité intéressée.) Esprit critique et analytique. C'est un travailleur acharné.

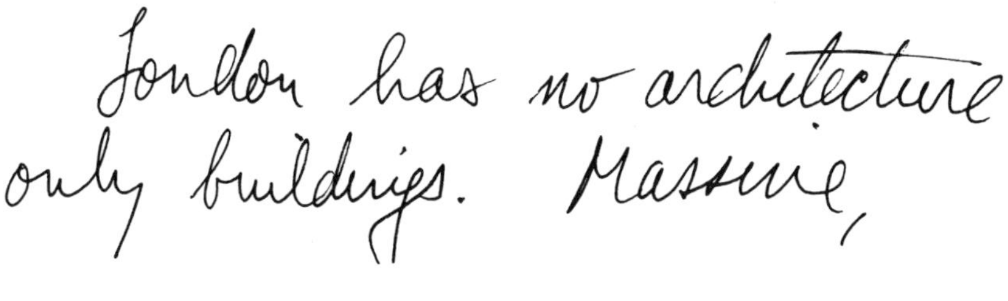

c) Dimension très grande (Excessive)

• Homme de 42 ans, linguiste émérite, intelligence supérieure, s'occupe de recherche. Instabilité affective et sexuelle (inégalités et torsions, excès mulitples, voir le **g**). Le tracé énergique cache la violence intérieure du sujet qui semble pourtant doux au regard vague. Schizophrénie latente. Analyse psychiatrique en cours. Incapacité de conduire une voiture. Signes multiples de mythomanie: tracé filiforme, sinistrogyre, suspension de lettres, crochets (égoïsme matériel), retouches, traits couvrants, lignes sinueuses. Ici, la rapidité de l'écriture, malgré sa dimension, ne peut pas cacher les défauts. Le pronostic est sombre, car le sujet pense constamment au suicide, comme en témoigne la signature, apposée très éloignée du texte vers la gauche.

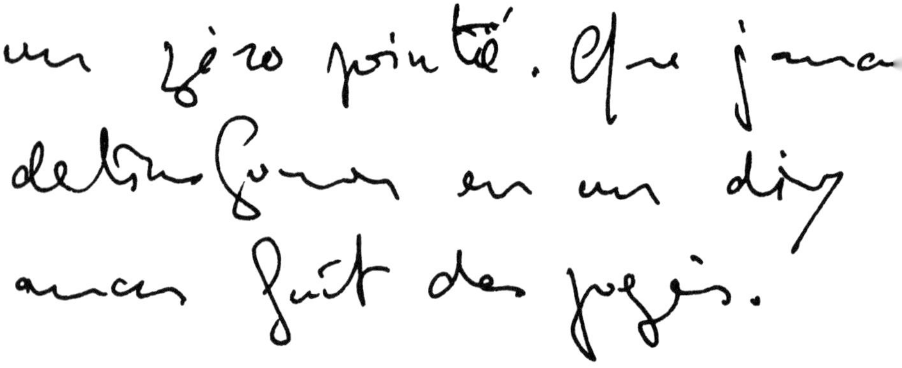

d) Dimension petite

• Homme de 32 ans qui espère devenir notaire, licence en droit. Parcimonieux, égoïste (lettres serrées et légèrement régressives, petites), autoritaire (barres de **t** au-dessus), matérialiste. Le sujet a déjà commis plusieurs escroqueries (traits couvrants, lettres ambivalentes, crochets). Absence de sentiments, refoulements sexuels (jambages inégaux ou peu prononcés, traits acérés). Ponctuel et capable d'exécuter un travail routinier et régulier.

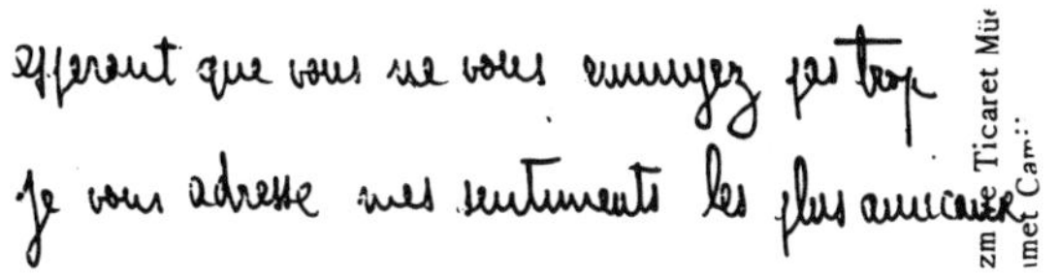

e) Dimension très petite (Excessive)

• Étudiant de 24 ans, cultivé, intelligent, mais timide, très prudent et avare. Fidèle en amitié et grande capacité de travail. Ambitions intellectuelles. Sensualité limitée. Timidité. Esprit analytique et déductif. Absence d'intuition et d'imagination. Le sujet recherche essentiellement la sécurité dans sa vie et s'apprête à faire de très longues études d'économiste.

f) Dimension des lettres qui diminue à la fin des mots

• Directeur d'une section artistique, 33 ans, très cultivé. Son écriture gladiolée nous montre sa finesse d'esprit, une certaine timidité et une fatigue intellectuelle causée par une tendance dépressive (dernières lettres plus petites et en partie descendantes). Insatisfactions professionnelles.

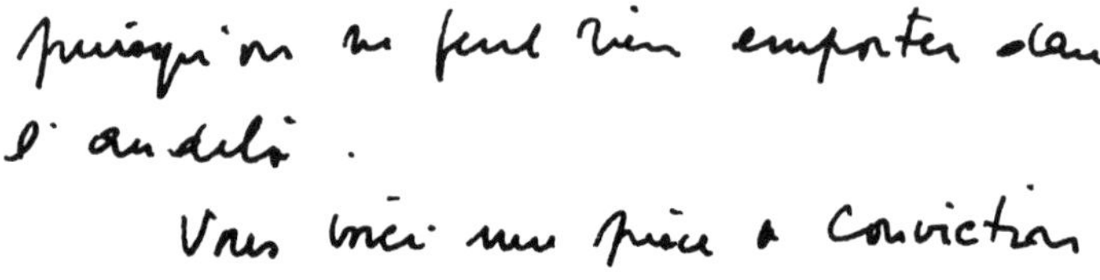

g) Dimension qui diminue à l'intérieur des mots (Écriture filiforme)

• Femme de 45 ans, directrice dans l'édition, très intelligente et cultivée, diplomate.

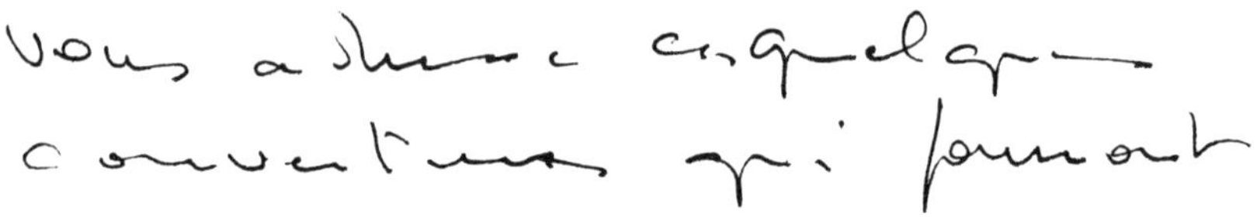

h) Dimension qui augmente à la fin des mots

• Femme de 27 ans, peu instruite, énergique, joyeuse, crédule et enfantine; sens de l'humour (**t** courbé vers le haut), bonne santé (pression forte et égale).

V. La pression

Le candidat doit écrire au stylo à bille ou à plume et en aucun cas au feutre. Écartez également le crayon à papier ou de couleur. Il est en effet impossible d'évaluer la pression d'une écriture qui ne provient pas d'un stylo. Du temps de Crépieux-Jamin, il était plus facile de reconnaître un tracé fuselé ou des voyelles à encoches dans une écriture pâteuse, pochée, qui provenait de la pression d'une plume métallique. Aujourd'hui nous devons nous aider de la loupe pour interpréter ces particularités. Elles existent toujours, mais se présentent sous une forme très atténuée. De toute manière, le choix de l'outil par l'auteur est déjà significatif. Ainsi existe-t-il des traits épais à la pression faible, et des traits minces à la pression forte. Soulevez la feuille à la lumière et examinez-la à l'envers pour évaluer la pression. Si elle est forte, elle imprimera l'autre côté du papier.

La pression seule ne nous donne que des indications sur les tendances qui peuvent se trouver dans le caractère de l'auteur. Selon les autres signes qui doivent étayer notre analyse, nous serons ensuite en mesure de faire la synthèse basée sur nos observations. Les exercices pratiques du deuxième chapitre vous aideront à assimiler la méthode proposée et à progresser.

a) La pression forte

Traits positifs:

- volonté;
- détermination;
- ténacité, persévérance;
- vitalité;
- activité;
- énergie;
- libido (force vitale qui inclut sexualité et volonté);
- force;
- santé (bonne);
- courage.

Traits négatifs:

- orgueil;
- vanité;
- brutalité;
- agressivité;
- irritabilité;
- impulsivité;
- impatience;
- sensualité (parfois une qualité);
- peur (selon les autres signes);
- esprit buté, têtu.

Dans une écriture harmonieuse, c'est à dire intelligente, la **pression forte** indique avant tout: la volonté, l'indépendance, l'efficacité dans le travail, la persévérance et une santé robuste. Ajoutons que l'intelligence comme telle est constituée par le raisonnement, l'analyse des faits et la capacité de trouver des solutions aux problèmes qui se présentent dans la vie; la mémoire, la concentration et la culture générale font partie de cette notion.

Dans une écriture inharmonieuse, donc commune et lente, **la pression forte** montre souvent un manque de contrôle de soi et l'emportement. L'auteur risque d'avoir des réactions violentes.

b) La pression moyenne

Elle est très fréquente, et à part le bon équilibre du candidat, elle ne révèle rien de particulier; ici, l'analyse des cinq autres significations fondamentales s'impose pour apprécier les traits principaux du caractère.

c) La pression faible

Elle produit un tracé léger ou pâteux.

Traits positifs:

- intelligence;
- culture;
- souplesse;
- ambitions intellectuelles;
- vivacité d'esprit;
- complaisance verbale;
- modestie;
- sensibilité.

Traits négatifs:

- indolence;
- manque de vitalité;
- manque de résistance, asthénie;
- irritabilité;
- volonté affaiblie;
- susceptibilité;
- caractère superficiel, facétieux;
- instabilité;
- paresse.

Répétons que certains de ces traits peuvent également se trouver dans des écritures à forte pression. Tout dépend de l'ensemble des autres signes présents. Aussi convient-il de faire un choix parmi toutes ces appréciations selon le milieu graphique. C'est la raison pour laquelle nous limitons nos jugements en «positif» et «négatif», car ces notions ont toujours un côté assez subjectif. En l'occurrence, elles vous aident à avoir une vision plus claire de l'évaluation de la pression.

d) La pression variable (Dans le même document ou dans des documents différents du même auteur)

Elle révèle la grande instabilité du sujet qui risque de sombrer dans la névrose. Selon les autres critères, elle peut aussi provenir d'une maladie organique. Lorsque l'auteur a une écriture à pression faible dans une missive et une pression forte dans une autre, le lendemain, cela signifie simplement une grande instabilité caractérielle. Mais si la pression change à l'intérieur du même mot, par exemple, nous pouvons conclure à un état psychique et physique déficient, surtout lorsque cela se produit souvent dans la même phase. Maintenant, si la pression varie à l'intérieur d'une même lettre minuscule ou majuscule, nous avons l'écriture dite fuselée et spasmodique. Elle révèle la sensualité exacerbée qui mène vers la névrose obsessionnelle du domaine sexuel; bien entendu, ici aussi, selon les autres signes du graphisme, le sujet sera en mesure de contrôler ou non ses tendances trop prononcées.

e) La pression interrompue ou fragmentée

Lorsque la pression variable se relâche par endroits jusqu'à s'amenuiser et se briser, notamment dans les hampes, les jambages et dans certaines majuscules, nous nous trouvons presque toujours confrontés à un sujet malade et affaibli. Quand cette brisure est plus nette et touche le corps des lettres minuscules, l'auteur souffre de troubles psychiques plus ou moins graves. Cette conclusion s'impose ici, sans le concours des autres signes présents.

Voici les illustrations des différentes pressions avec l'analyse sommaire du caractère de leurs auteurs, afin de vous initier par la pratique à l'appréciation des signes et à l'évaluation de leur interaction.

Seule l'étude intensive des exemples pris sur le vif des manuels, et la comparaison des écritures de vos amis avec les spécimens vous permettront de progresser vite et d'assimiler toutes les finesses d'une analyse. Imperceptiblement, votre intuition «juste» se développera.

Illustrations

La pression forte (Analyse sommaire)

• Programmateur informatique, 38 ans, ambitieux (écriture progressive à forte pression, surélévation des hampes, régularité du tracé, barres de **t** vigoureuses à mi-hauteur) matérialiste (crochets). L'écriture anguleuse montre une certaine dureté de caractère et d'égoïsme. En revanche, le sujet est digne de confiance car les signes du mensonge sont peu nombreux. (Trait couvrant et crochets; il faut au moins cinq de ces signes négatifs pour conclure au mensonge comme nous le verrons.) Ici, cet agent commercial est honnête, ponctuel et persévérant. Il est optimiste, malgré un petit défaut cardiaque qui l'oblige à porter un régulateur et à éviter les excès alimentaires et sexuels. (Jambages atrophiés, peu de rondeurs, appelées guirlandes, usuelles chez les gourmands.) Esprit analytique, cultivé (liaisons). Sujet courageux, viril, parfois coléreux (écriture gladiolée).

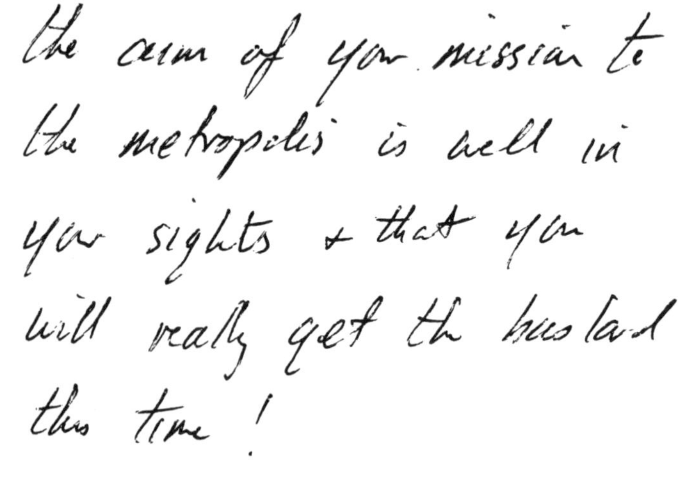

La pression moyenne

• Directeur de collection dans l'édition; équilibré, intelligent, cultivé (régularité du tracé sans monotonie). Bonne santé. Matérialiste; en graphologie, cela veut dire que le sujet aime la matière, tout ce qui se touche, se mange, se sent, bref, les plaisirs réels, matériels, y compris l'argent qui les procure. Hédoniste, sensuel (rondeurs des voyelles et des liaisons), tendances aux excès de différentes sortes dans le domaine des plaisirs (**e** et **l** boueux, jambages épais et parfois tordus). Doué pour le commerce, esprit critique, diplomate (lignes sinueuses, mais écriture ferme), concret. Quelques traits régressifs (les **o** par exemple) montrent des complexes provenant du passé qui se traduisent par un contraste entre la générosité et l'égocentrisme du sujet. Dans le travail et dans la vie privée, l'auteur est autoritaire et souvent égoïste.

Madame,

Donc je me prête au jeu.
Lettre manuscrite, la voici.
Jusqu'au bout, si j'ose dire :
une vraie plume et je me [illegible]
papier rayé. Cependant, je
m'efforce d'écrire de manière

La pression faible

• Étudiant en philosophie de 26 ans qui vit aux crochets d'une jeune femme depuis plusieurs années et compte le faire toute sa vie. Il pense élaborer une nouvelle philosophie, plus tard, lorsqu'il sera très vieux. Supérieurement intelligent et cultivé, le sujet manque d'ambition, de libido et de santé. Cependant, il souffre de sa propre paresse et de sa lâcheté (enroulements régressifs visibles à la loupe, hampes sinistrogyres, barres de **t** faibles et lancées souvent vers la gauche). La peur de vivre engendre le mensonge et l'hypocrisie (traits couvrants, régressifs; lignes sinueuses, retouches, lettres suspendues qui ne touchent plus la ligne et qui se terminent à mi-chemin, lettres pochées et tordues dans tous les sens). Malgré ses capacités d'analyse et son intuition, le sujet est faible, instable, émotif et névrosé.

existence: autism, a useless body etc.
At this moment I am boring my hand with
chess player who imagines such efforts
along for the ride.

Love Ken

Claude Santop (claus)
somewhere in Paris
Paris, France
Europe.

• Femme sans profession de 50 ans, cultivée, équilibrée, sociable et généreuse (liaisons et courbes), grande finesse d'esprit (tracé personnel et harmonieux). Bonne santé. Absence d'ambitions professionnelles (pression faible sans signes particuliers). Sens de l'organisation ainsi qu'une certaine ténacité (**t** bouclé). Attachée aux plaisirs (rondeurs des lettres).

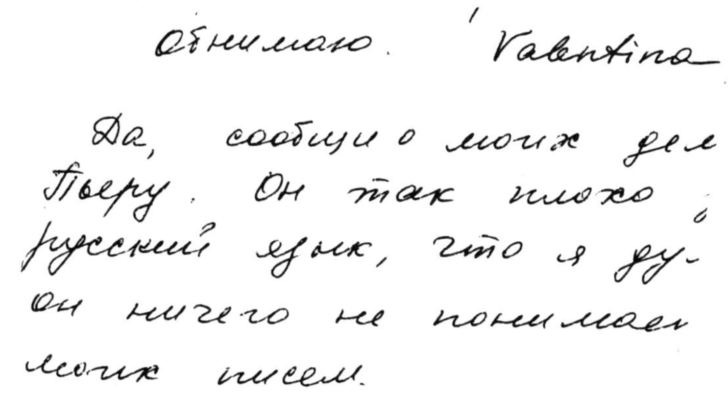

• Chirurgien de 37 ans, écriture harmonieuse; en dehors de son travail, le sujet a des ambitions intellectuelles et se montre rêveur dans la vie privée (hampes surélevées, barres de **t** variables). Bonne santé. Sensualité limitée, comme c'est souvent le cas lorsque la pression est faible. Le mélange de lettres liées et séparées, c'est-à-dire juxtaposées, révèle les capacités analytiques et intuitives de l'auteur. Esprit vif et pénétrant (rapidité de l'écrit). Assez généreux (rondeurs), ouvert et honnête. Préfère le travail intellectuel aux activités manuelles et aux sports. Bonne santé physique et psychique.

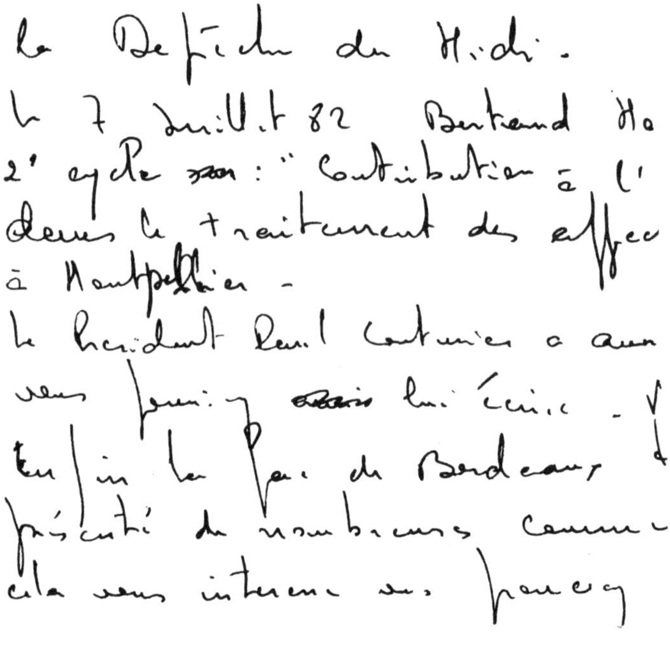

La pression variable, interrompue et fragmentée

• Professeur de philosophie, 32 ans, intelligence supérieure (écriture rapide, harmonieuse); de gros problèmes sexuels qui se traduisent ici, non pas dans les jambages, comme c'est souvent le cas, mais dans la pression fuselée et spasmodique. L'instabilité générale (formes, tracé, direction, pression variables) et l'obsession sexuelle ont transformé le sujet en névrosé grave qui ne fonctionne plus qu'à l'aide d'une camisole chimique. Alternance de dépression et d'agitation coléreuse.

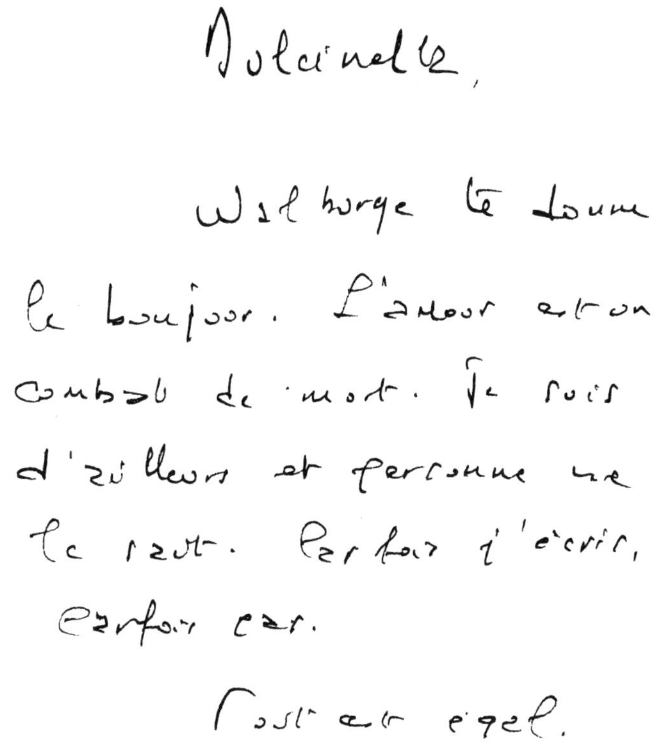

• Voici quatre spécimens à pression variable d'une même personne. Seul le premier a une pression régulière et forte, bien que le **d** de marchandise soit fragmenté en deux parties, (tendance à la névrose). Les trois autres spécimens illustrent les brisures des hampes et des jambages qui nous indiquent l'affaiblissement physique, et notamment l'hypertension du sujet. En l'occurrence, il s'agit d'un homme de 41 ans, médecin, d'une intelligence et d'une culture supérieures, qui possède de surcroît une intuition et une sensibilité rares. Instable, maniaco-dépressif, idées de suicide, mythomane et tendances paranoïaques. Schisme entre ses rêves et la réalité. Cyclothymique. Contrastes excessifs entre l'amabilité et la méchanceté, timidité et violence, générosité et parcimonie. Libido faible. En traitement.

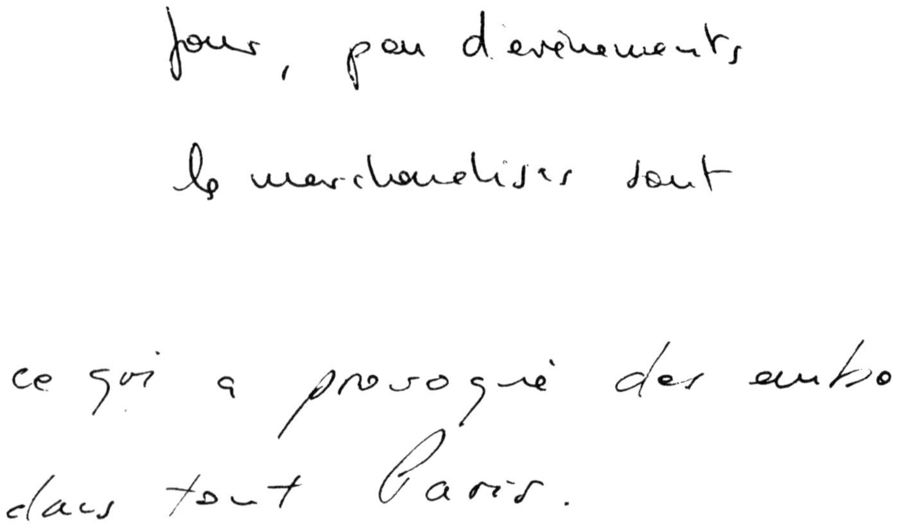

Voici la réponse que
j'ai reçu du quotidien
de PARIS.

Je t'embrasse.

Michel P.

Claude SANTOY

4 Square Emmanuel Chabrier

• Savant de 45 ans, recherche fondamentale dans le domaine médical, très intelligent et cultivé, esprit analytique et inventif, persévérant, autoritaire (trait acéré et gladiolé), mais caractère difficile. La pression inégale et les lettres boueuses (remplies d'encre) révèlent les obsessions sexuelles et les tendances à la débauche du sujet dont les désirs sont constamment exacerbés. Son travail s'en ressent, de même que sa vie privée. Mythomane et instable, il risque de devenir schizophrène. Comportement anormal.

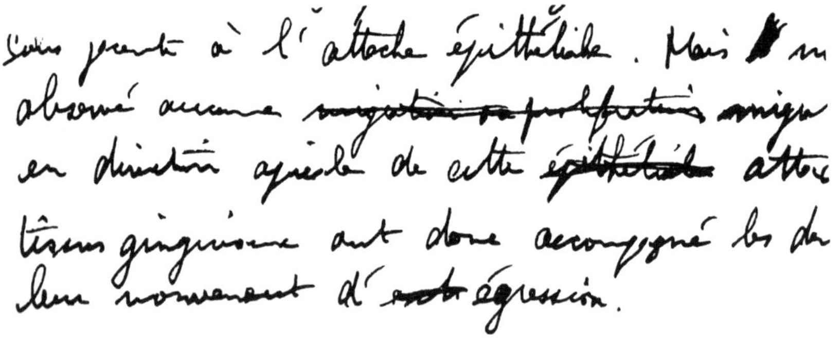

Remarque: les qualités et les défauts sont plus ou moins équilibrés dans chaque être. Ainsi, un homme supérieurement intelligent ou un artiste reconnu a forcément des problèmes sur un autre plan, à la mesure de sa grandeur. Il suffit d'étudier l'écriture de Pascal ou de Napoléon. Leurs traits excessifs, dignes de leur génie, n'ont pas une portée générale qui pourrait vous aider à progresser. Ainsi préférons-nous vous montrer des exemples pris sur le vif. Il est cependant incontestable que les gens très intelligents sont souvent victimes de troubles psychiques.

VI. La forme (Des lettres et du trait)

À travers les considérations des sections précédentes et les exemples qui les illustrent, vous avez réalisé qu'un seul signe, isolé, ne veut absolument rien dire. Les subtilités et les nuances qui entrent dans une analyse sont infinies et ne peuvent pas être schématisées comme un programme d'ordinateur. Ainsi avez-vous pu constater qu'une névrose est susceptible de résider aussi bien dans une grande écriture à forte pression que dans une écriture harmonieuse, aux traits fins, dans laquelle les différentes obsessions n'apparaissent que dans des inégalités infimes qu'il faut déceler à la loupe. Encore est-il nécessaire ensuite de faire la synthèse qui correspond au caractère profond du candidat. Si son humeur du moment influence sa manière d'écrire, rien ne peut, néanmoins, cacher ses vraies tendances grâce, justement, à l'interaction de tous les signes. Lorsque vous aurez examiné un grand nombre de spécimens et lu nos analyses respectives, votre intuition «juste» se développera petit à petit et vous constaterez combien il vous sera plus facile de saisir la personnalité de vos amis et de vos proches. Vous avez également remarqué que, si les traits de caractère négatifs sont plus prononcés dans une écriture inharmonieuse, ils peuvent quand même se multiplier dans une écriture harmonieuse. Il faut simplement rétorquer que les impulsions criminelles, par exemple, ont peut-être moins de chance de se transformer en action chez un être évolué, intelligent, que chez un être primitif. Le premier se contentera de se rendre en psychanalyse. Un autre aspect des écritures harmonieuses, à pression fine, des intellectuels, réside dans leur incapacité d'aimer. Ne manquent-ils pas de sentiment, de chaleur sensuelle? Leur amour reste souvent cérébral, froid et abstrait. L'imagination, même créatrice, demeure un produit du cerveau limité à son auteur. Ainsi ne lui est-il pas toujours facile de faire la liaison avec les autres et souffre-t-il de solitude.

Après ce résumé philosophique sur l'application de vos connaissances absorbées dans les sections ci-dessus, attaquons-nous aux formes.

a) Les espèces

1. L'écriture ronde (Significations possibles, selon les autres signes)
Douceur, amabilité, complaisance, sociabilité, sensualité, affection, gourmandise, faiblesse, instabilité, paresse, égoïsme, indolence (le sujet peut se laisser influencer et s'adapte facilement).

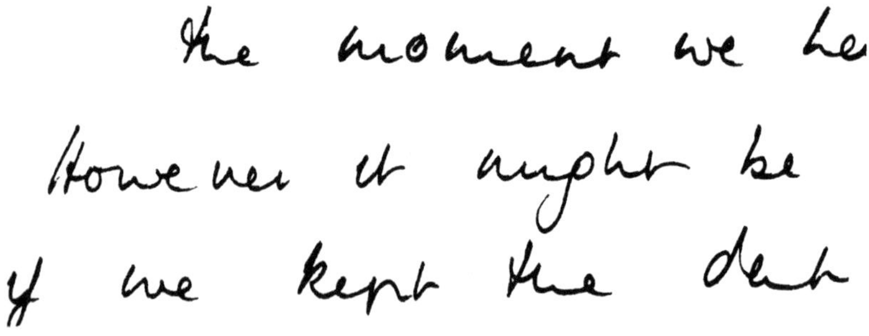

En forme de guirlandes: les **m** et les **n** sont tracés comme des «u», en coupe ouverte, de même que les liaisons; générosité (parfois intéressée), amabilité, bonté, souplesse d'esprit, aisance, élégance, susceptibilité.

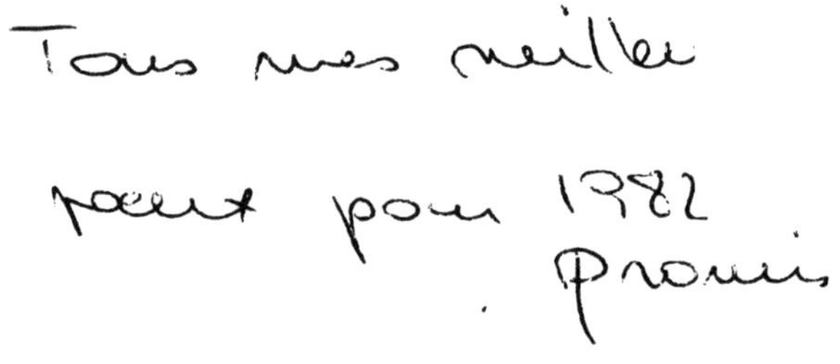

En forme arquée: les **m** et les **n** ont des formes en arc; inhibitions, méfiance, hypocrisie, orgueil, arrogance, mensonge; le sujet cherche à manipuler son entourage; égoïsme caché sous une fausse amabilité. Susceptibilité et froideur d'âme.

Forme ronde et ovalisée: sujet artificiel, maniéré, inhibé.

Forme ovalisée, annelée: sujet joyeux, bavard, aime séduire, peu fiable.

Forme enroulée (toujours sinistrogyre comme trait, donc négatif): égoïsme, inhibitions, complexe d'Oedipe, auto-érotisme, narcissisme, dissimulation, mensonge, action différée; mais bonnes capacités de concentration et parfois une certaine ténacité.

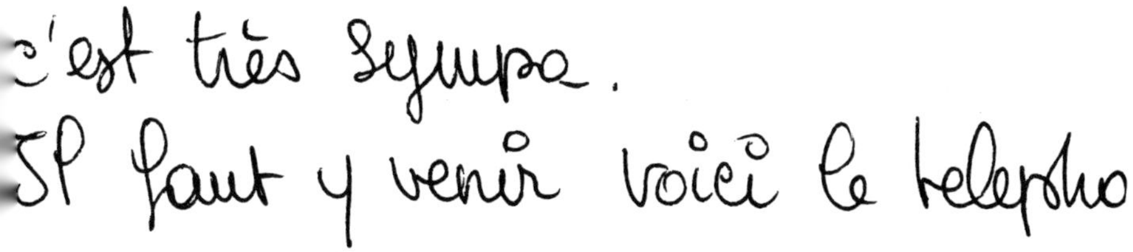

Forme tordue: insatisfaction, souffrance physique ou morale, tendances homosexuelles (torsion des jambages).

Michel

Londres est la ville la plus merveilleuse du monde.

Madame,

Bon, le signal E

Forme ronde et anguleuse: caractère équilibré, bonne culture générale et intégration dans la société. Trait positif en soi. Voir autres signes.

Très chère Claude,

J'ai une passion pour les échecs londoniens – Je joue au club "Ponnette à Dijon – C'est un club privé qui

2. L’écriture anguleuse (Plus d’angles que de courbes)

Bien qu’elle soit moins rapide que l’écriture ronde, du fait que l’angle arrête le mouvement, elle peut quand même être harmonieuse dans certains cas.

Fermeté, volonté, ténacité, caractère têtu, ambition, dureté, passion, fidélité; digne de confiance; impatience, irritabilité, agressivité, violence, colère, cruauté, méchanceté, égoïsme, irascibilité, individualisme, virilité, affectivité réduite, fourberie (crochets).

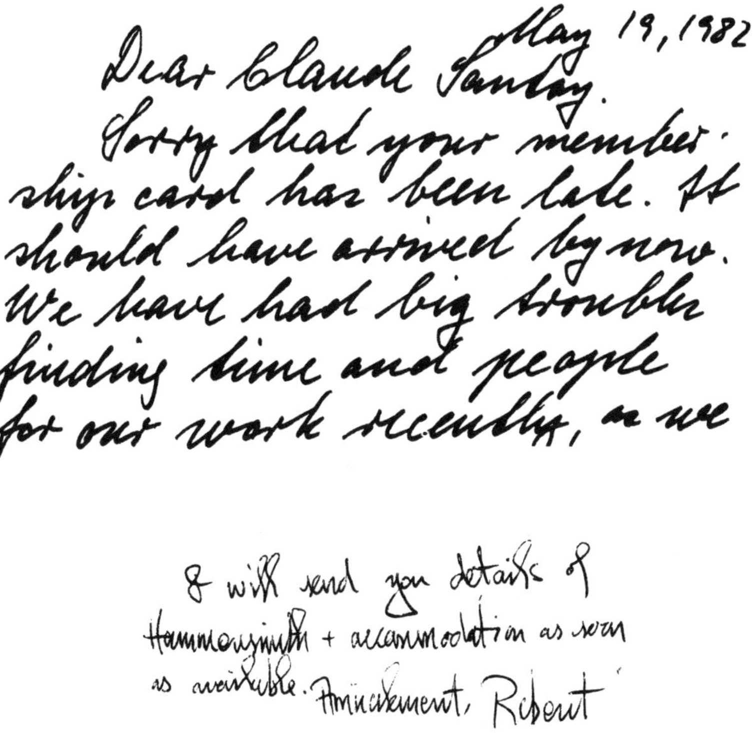

May 19, 1982

Dear Claude Santoy.

Sorry that your membership card has been late. It should have arrived by now. We have had big trouble finding time and people for our work recently, as we

I will send you details of Hammersmith + accommodation as soon as available. Amicalement, Robert

Forme gladiolée, acérée ou lancée: trait montant se terminant en pointe: sarcasme, esprit critique et caustique, emportement. Enthousiasme juvénile.

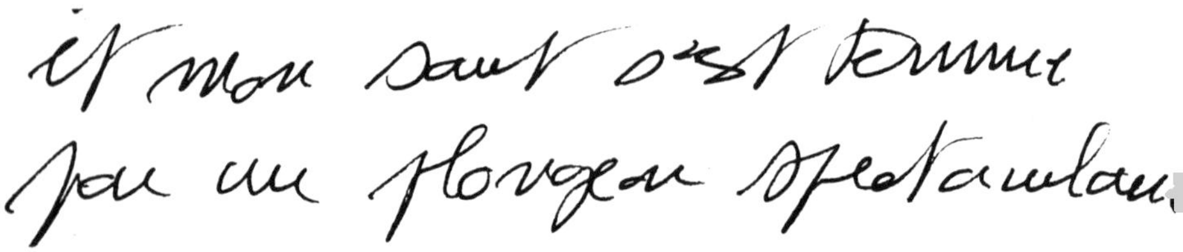

Trait lancé, épais, vers la droite: geste brusque qui repousse les amis. Souvent tendances homosexuelles.

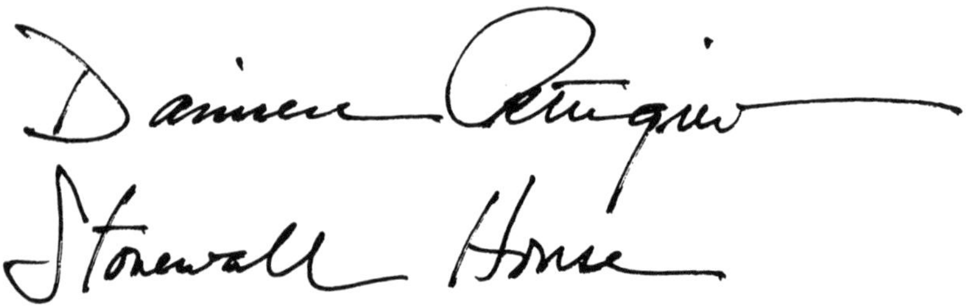

3. Forme surélevée ou trop ornée

Vanité, orgueil, ambitions intellectuelles exacerbées, qui ne sont pas en rapport avec les capacités du sujet. Mysticisme. Lorsque l'écriture est trop ornée, elle est rarement harmonieuse. Les ornements en tant que tels renferment toujours des traits régressifs, donc négatifs, aussi nuisent-ils à la lisibilité.

Remarque: certaines personnes vous diront que la forme d'une écriture dépend de l'enseignement scolaire qu'a subi l'auteur. C'est vrai lorsqu'il s'agit d'enfants, mais comme ces derniers n'ont pas encore une écriture stable et que leurs défauts disparaissent en général avec la croissance, l'analyse de leur écriture s'impose uniquement en cas de maladie ou de retard scolaire. L'adulte normal, peu importe son pays d'origine, adapte son écriture à son caractère. Ainsi il est possible, comme nous l'avons déjà dit, d'analyser des manuscrits dont nous ne connaissons pas la langue.

Pourquoi le candidat doit-il alors écrire une lettre comportant des phrases simples et naturelles et non pas des poésies ou des maximes recopiées? Le mouvement et la forme des lettres prennent un aspect figé, artificiel,dès lors que l'auteur reproduit des phrases apprises par coeur. D'un autre côté, si par hasard vous avez affaire à un psychotique, il est parfois nécessaire de lire le contenu, afin de savoir s'il oublie des mots ou des lettres.

4. L'écriture filiforme

Les lettres sont étirées, aplaties et finissent par ressembler à un fil. Les gens très nerveux et pressés écrivent de la sorte. Le plus souvent leur écriture est petite.

a) Si la pression est forte et l'ensemble harmonieux, c'est-à-dire intelligent, doté d'une bonne libido, le sujet est ambitieux, diplomate et efficace dans son travail. Voici quelques spécimens d'écriture filiforme positive.

• Femme de 45 ans, supérieurement intelligente, qui a réussi brillamment dans l'édition. Elle dirige une collection à succès.

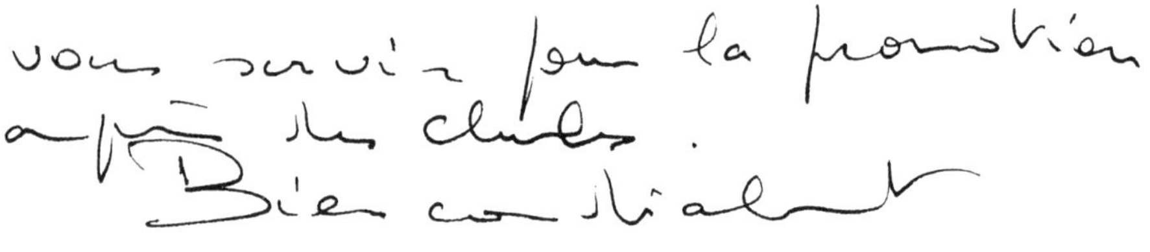

• Homme de 37 ans, haut fonctionnaire, de caractère passionné; ambitieux.

b) Lorsque la pression est faible et que les signes suspendus se multiplient sur une base sinueuse (ligne ondulée), le pronostic est moins favorable. Le sujet, bien que très intelligent, a du mal à se mettre au travail; il est instable, indécis, plus affairé que vraiment actif. Son manque de caractère le fait souffrir et le conduit à la dissimulation et au mensonge.

• Homme de 41 ans, médecin, névrose maniaco-dépressive.

• Lord anglais qui vit sur ses terres; 50 ans, schizophrène. Sa femme s'est suicidée. Quant à lui, il passa plusieurs années dans un hôpital psychiatrique.

b) Autres particularités de la forme

1. Les hampes et les jambages

Les hampes concernent les lettres qui dépassent la zone médiane, comme: **b, d, f, h, k, l, t.**

Dans la zone médiane nous avons: **a, c, e, i, m, n, o, r, s, u, v, w, x, z.**

Les jambages se trouvent dans: **g, j, p, q, y.**

Les hampes et les jambages ont normalement le double de la hauteur de la zone médiane. Lorsqu'ils ont des courbes douces, fermées et régulières, le sujet a des instincts supérieurs, matériels et sexuels, équilibrés.

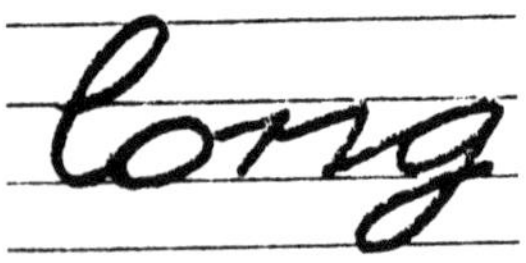

Hampes et jambages de même longueur.

Équilibre parfait, assez rare.

Hampes élancées.

Intérêts intellectuels et spirituels prédominants; idéalisme, idées utopiques, enthousiasme, vanité, orgueil démesuré.

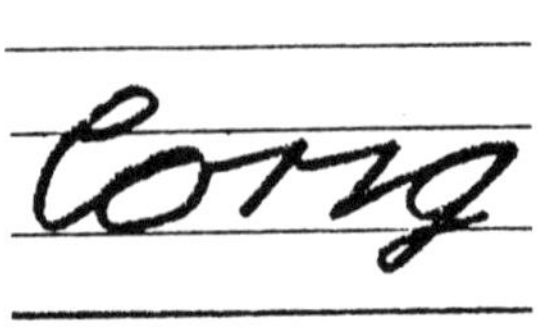

Hampes et jambages réduits.

Peu d'ambitions intellectuelles; réalisme, recherche de la sécurité matérielle et des plaisirs immédiats. Affectivité, sensualité, mais sexualité réduite. Paresse.

Hampes et jambages élancés.

Ambitions exacerbées, passion, insatisfactions générales.

Prédominance des jambages.

Intérêts essentiellement sexuels et parfois matériels.

Les hampes brisées ou fragmentées surgissent essentiellement chez les sujets qui souffrent d'hypertension, de déficience cardiaque ou psychique, d'une maladie des nerfs ou d'une grande fatigue générale.

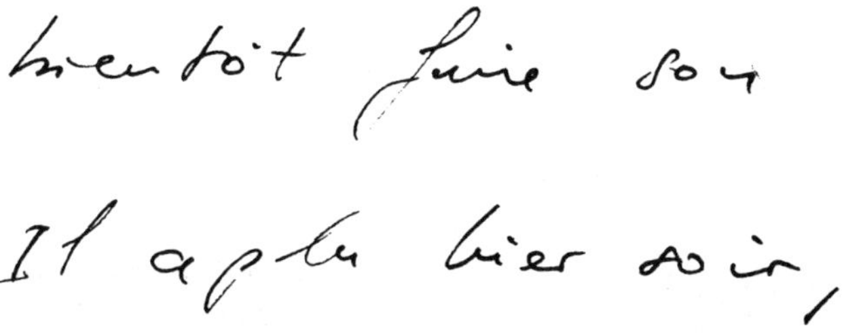

Les hampes ou les jambages arrêtés par un trait horizontal, superflu, indiquent l'enthousiasme contrôlé, l'élan freiné, que ce soit dans le domaine intellectuel ou dans celui des instincts.

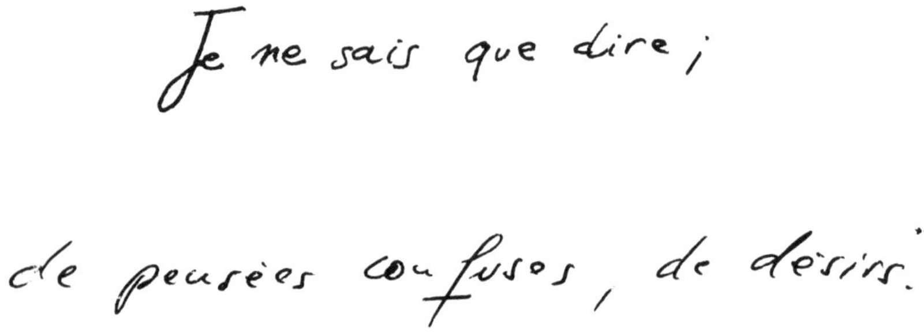

Bien entendu, selon le prolongement ou l'atrophie des hampes et des jambages, et la multitude des autres appréciations qui entrent en ligne de compte,vous nuancerez vos conclusions. Les exercices et les tests à la fin du livre vous aideront à utiliser ces notions. D'autre part, vous compléterez vos connaissances par rapport aux jambages dans le deuxième chapitre où il sera plus particulièrement question de la sexualité (voir table des matières).

2. Les liaisons

Le néophyte s'imagine que rien n'est plus simple que la liaison des lettres à l'intérieur d'un mot. Il existe néanmoins cinq possibilités différentes qui ont chacune leur signification.

L'écriture liée: toutes les lettres à l'intérieur d'un mot sont reliées entre elles. Même les accents descendent parfois par un trait sur la ligne médiane pour continuer le mouvement. Il arrive aussi que les mots soient reliés entre eux. Une écriture liée est en général rapide; selon la dimension des lettres, leur inclinaison, leur forme et la pression, elle est harmonieuse ou inharmonieuse. En effet, lorsqu'elle est trop liée, la clarté du texte est compromise. Dans ce cas, elle est la manifestation d'une nature brouillonne, fougueuse et déséquilibrée.

Modérément liée, cette écriture montre l'attachement du sujet à la famille et à la société, son esprit analytique et sa mémoire visuelle. Lorsque le trait qui relie les lettres ou les majuscules surplombe les autres signes vers la droite, l'auteur a le sens des responsabilités familiales.

L'écriture juxtaposée (discontinue, le contraire de liée): les lettres sont séparées à l'intérieur de chaque mot. Elle ralentit l'écriture. Souci de clarté. Selon le milieu graphique, elle indique une très grande intuition du sujet ou alors, lorsque l'écriture est trop scripturale, trop figée, la débilité et l'inhibition. Quand les lettres s'amenuisent pour ressembler à des points ou des pattes de mouches, c'est la décrépitude psychique. La mémoire auditive se voit également dans l'écriture juxtaposée et harmonieuse.

L'écriture groupée (liée et juxtaposée par groupes de lettres): esprit analytique et intuitif; écriture en général rapide et harmonieuse, surtout lorsque le groupement est logique par syllabes. En revanche, des lettres isolées sans raison peuvent révéler le raisonnement erroné et le déséquilibre du sujet.

L'écriture à liaisons arrondies: en coupes ouvertes, c'est à dire en guirlandes que nous avons déjà vues, ces liaisons indiquent la joie de vivre, l'amabilité, la générosité et parfois la faiblesse et la lâcheté.

En arcades, comme dans les lettres, il s'agit d'une amabilité intéressée qui peut aller jusqu'à l'hypocrisie.

L'écriture à liaisons anguleuses: elle montre les mêmes qualités et défauts que l'écriture anguleuse. L'ambition, la droiture, la fiabilité, la dureté, l'égoïsme.

Ajoutons que le trait de liaison entre les lettres peut être brisé, tordu ou renfermer des crochets ou des points minuscules, uniquement visibles à la loupe. Ces anomalies et renflements ont toujours une signification négative quant au caractère du sujet. Le trait brisé révèle l'indécision, la torsion, la souffrance, les crochets, l'intérêt financier et les points ou poche d'encre, l'hésitation, la méfiance et l'inhibition. Le trait de liaison qui s'élance brusquement et sans raison vers le haut indique l'enthousiasme et l'énergie.

Les exemples suivants illustrent les différentes possibilités de liaisons et les caractéristiques prédominantes.

Comme pour les sections précédentes, lorsque vous avez un spécimen d'écriture d'un de vos amis, il vous faut non seulement procéder par comparaison, mais ajouter toutes les qualités, et les défauts, sur une feuille de papier, afin de pouvoir faire une sélection et une synthèse finales. Si vous avez un doute, par exemple, sur la forme de liaison de votre écriture, comptez les guirlandes et les angles dans un mot assez long. Comme pour la forme des lettres, dont plusieurs peuvent coexister, la prédominance l'emporte. D'ailleurs si tous les traits et toutes les lettres étaient rigoureusement identiques, l'écriture serait figée et monotone, à l'instar de celle des névrosés obsessionnels.

• Écriture liée, anguleuse; intelligence supérieure, mais problèmes psychiques déjà évoqués. Esprit analytique et créateur.

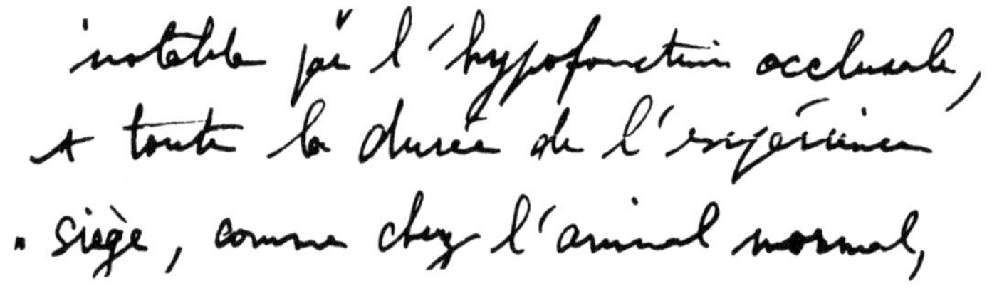

• Écriture liée; intelligence et vigueur, malgré quelques incohérences (voir les **m** de comme).

• Écriture liée aux liaisons arrondies, harmonieuse. Sujet intelligent mais égoïste et envahissant. (Le Comte de Palffy).

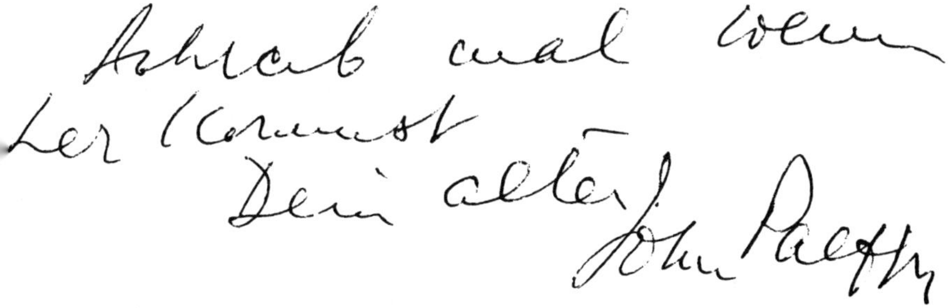

• Écriture juxtaposée d'une agrégée de lettres de 31 ans.

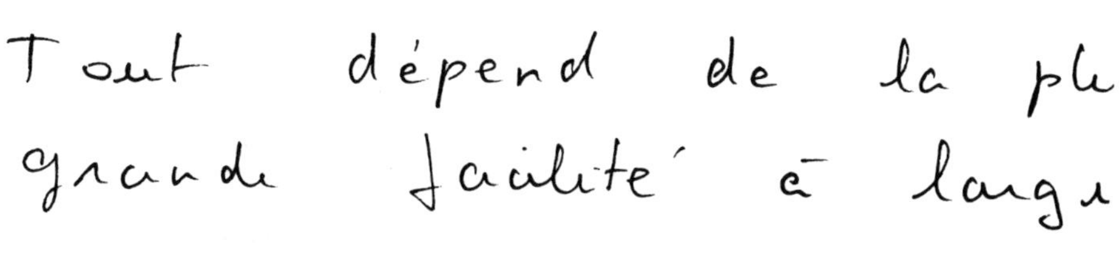

• Écriture groupée, harmonieuse, du vice-champion du monde des échecs, Victor Kortchnoï. (Intelligence supérieure.)

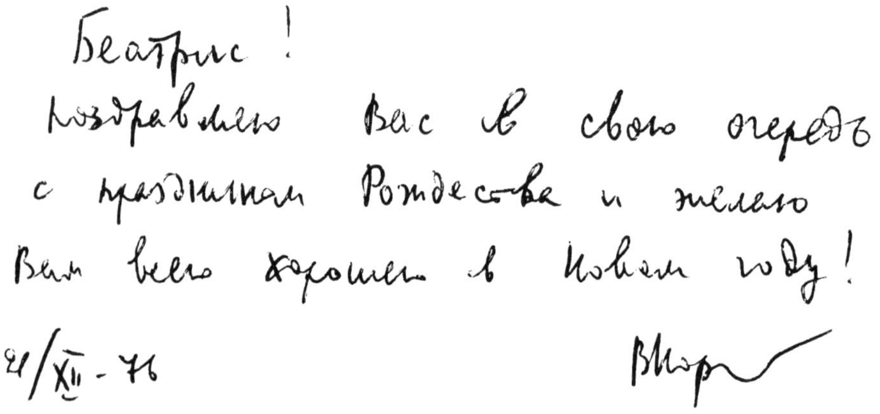
Беатрис!
Поздравляю Вас в свою очередь
с праздником Рождества и желаю
Вам всего хорошего в Новом году!
21/XII-76
ВКорч

3. Les entames et les finales

L'entame

Regardez bien chaque mot ou chaque lettre. Vous ne trouverez que très rarement une régularité absolue dans le mouvement initial du stylo. Et même si cette régularité se présente, elle n'est guère positive, comme l'ensemble des autres signes trop figés, elle désigne le blocage psychique de la libido et le caractère névrosé. (Voir section maladies.)

Ainsi, comme d'habitude, il faut comptabiliser les traits initiaux et prendre en considération celui qui l'emporte.

entame absente (typographique)

• Bonne culture, esprit clair et ordonné.

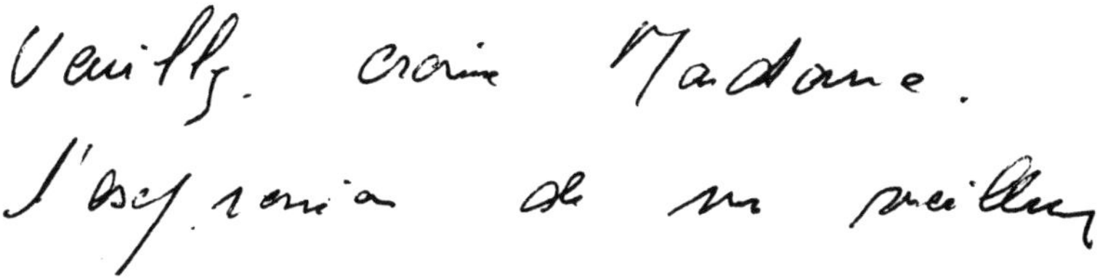

• Absente dans les minuscules, mais boucle ouverte dans les majuscules: sens de l'humour, la joie de vivre.

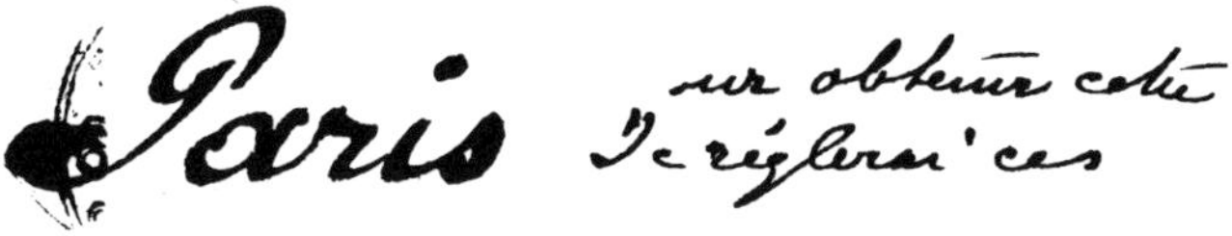

• Trait initial supplémentaire du «M» majuscule dans une écriture sobre où l'entame est absente. Individualisme, esprit critique et psychisme complexe (voir les autres signes).

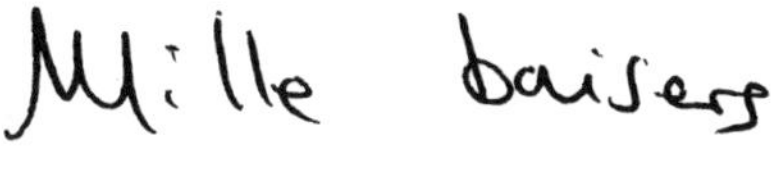

• Trait initial absent et majuscules à fioritures: amabilité intéressée, égoïsme, vanité, inhibitions, si le trait est régressif; un des treize signes du mensonge. (Voir section mensonge.)

• Entame et finale absentes: si confirmé par d'autres signes dans le manuscrit, l'auteur fait preuve d'économie et d'avarice.

entame d'un trait acéré: l'esprit critique

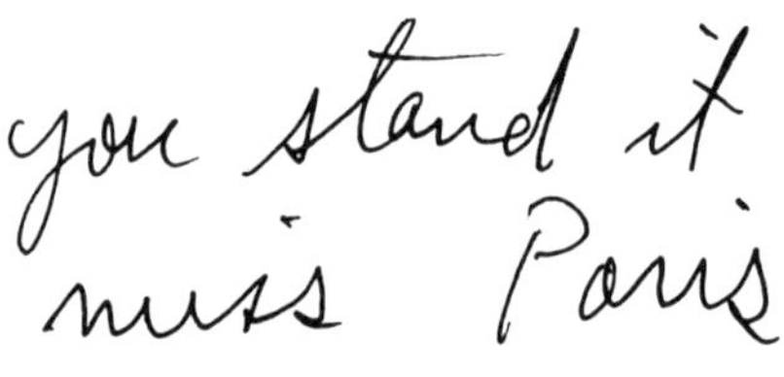

entame en boucle ouverte: gaieté, sens de l'humour, joie de vivre

entame en arc surplombant (dans les majuscules par exemple): sens des responsabilités, protection de la famille, avec cependant une tendance à l'autoritanisme; selon les autres signes: despotisme.

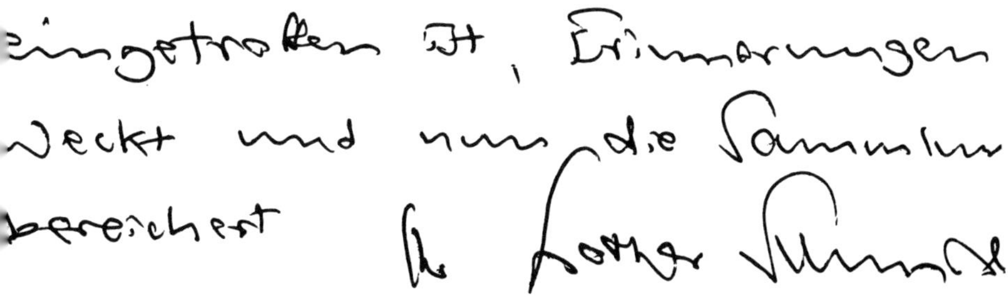

La finale:
absente: l'égoïsme, sécheresse de coeur.

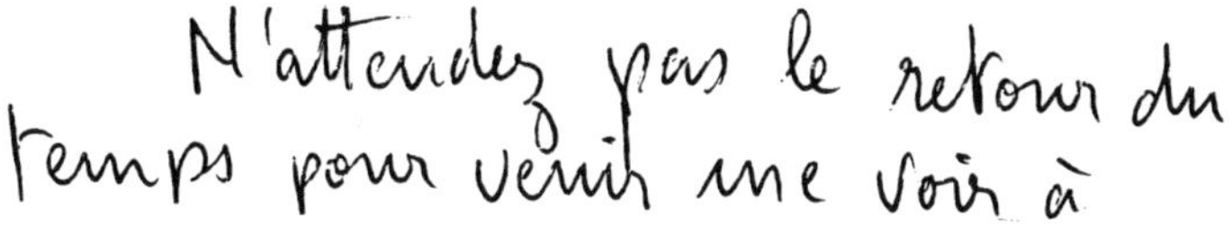

suspendue: fatigue, diplomatie, mensonge.

qui m'ont appris

étaient au courant

et vous ont par

arrondie: amabilité, optimisme, joie, sociabilité, générosité.

a fine smile

enroulée: intérêt matériel, fourberie, mensonge.

Thanks for your note.

brève: réalisme.

bientôt

anguleuse: méchanceté, cruauté, dureté, colère, rancune.

horizontale, longue et massuée: geste qui repousse l'entourage avec brusquerie, recherche de l'indépendance et de la liberté; ambivalence sexuelle.

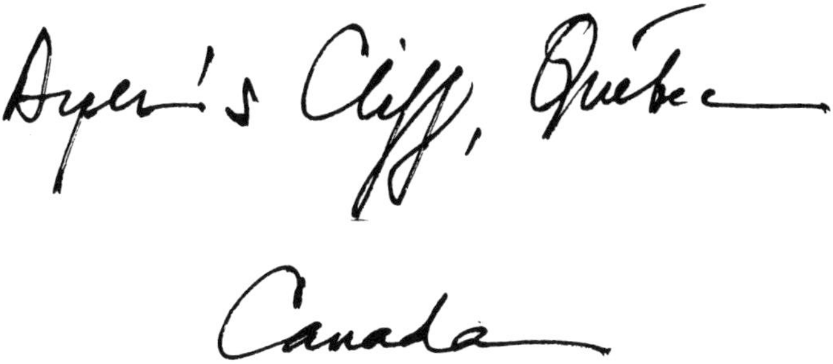

horizontale, acérée: violence, indépendance, causticité, sarcasme, méchanceté, cruauté (si le trait monte légèrement).

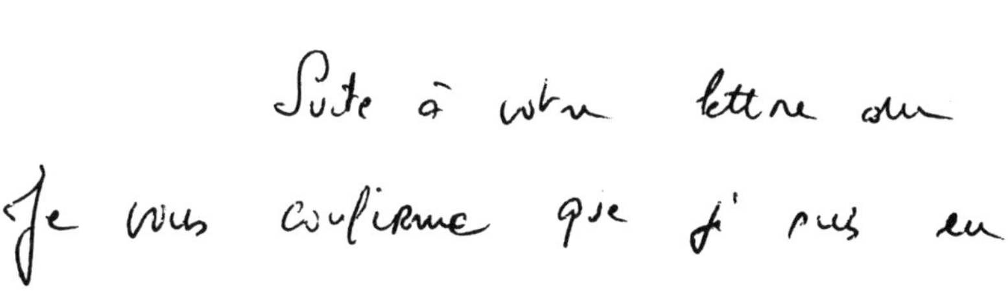

plongeante: pessimisme

ou ambitions matérielles; recherche de satisfactions réelles et de plaisirs sexuels (si la pression est forte; voir les autres signes, comme toujours).

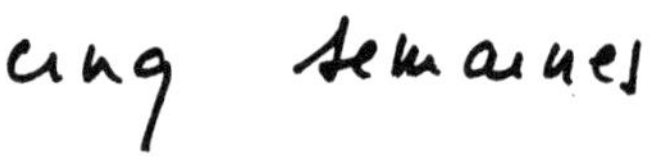

élancée: enthousiasme juvénile, ambitions; méchanceté si le trait est gladiolé (se terminant en pointe). Colère, impatience, égoïsme.

sinistrogyre: (dirigée vers la gauche).

recourbée: complexes, inhibitions, souffrances morales qui proviennent du passé; hypocrisie, égoïsme, amour de l'argent.

4. La ponctuation

Régularité absolue: (typographique), manque de personnalité, conformisme, immaturité, névrose, perfectionnisme obsessionnel, (pathologique).

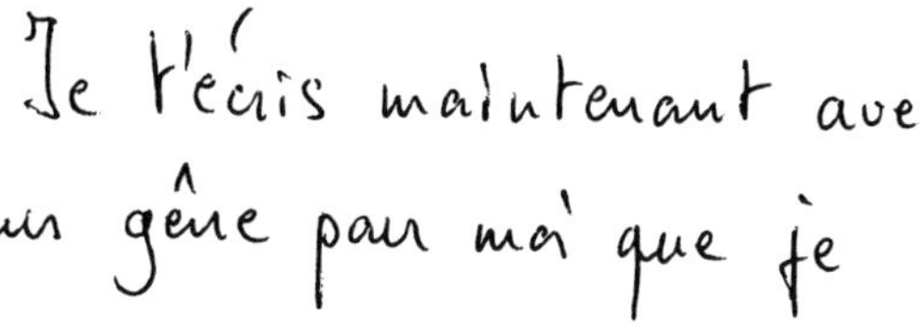

Régularité modérée: bon équilibre, esprit évolué.

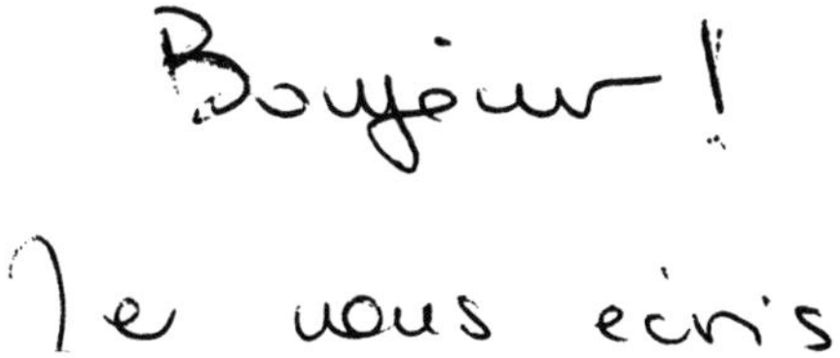

Sinistrogyre: ambitions limitées, inhibitions, complexes, peurs et angoisses. Intérêts matériels prédominants si tous les accents représentent des petits crochets comme les accents tordus.

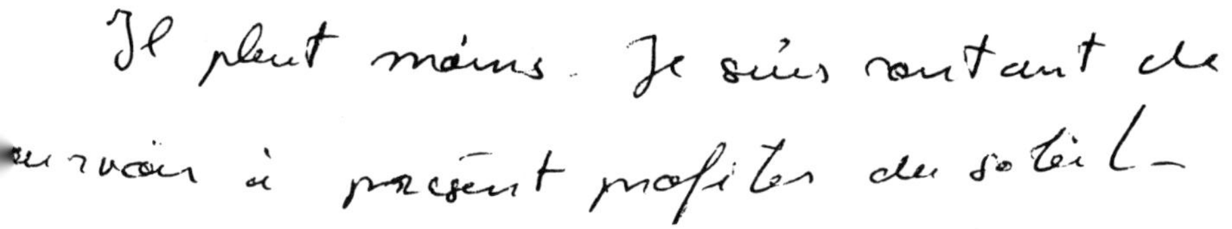

Ponctuation haut placée vers la droite: rêve, imagination, ambition intellectuelle, idéalisme, utopie, mysticisme.

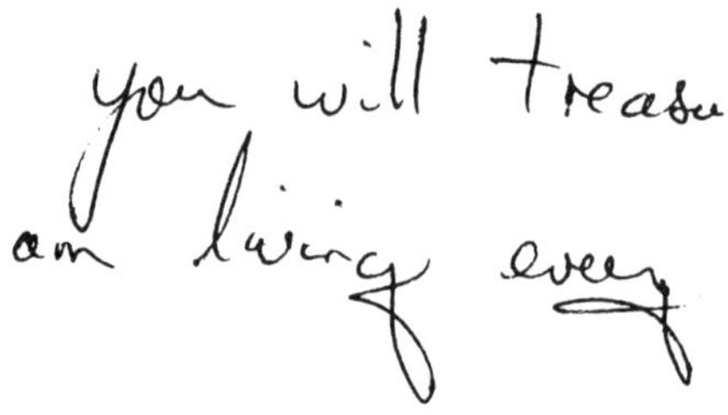

Ponctuation superflue: méfiance, prudence, hypocrisie, mensonge, angoisse, peur, névrose.

Reliée à la lettre suivante: esprit analytique, vif.

Ornementée: comme pour les lettres majuscules; vanité exagérée, complexe d'infériorité, mensonge, fourberie, manque de spontanéité.

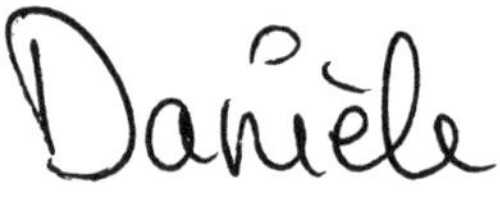

Absence de ponctuation: manque d'ordre, esprit superficiel, mépris de la société, négligence, fatigue.

5. La signature

Elle est importante, bien qu'elle ne puisse vous donner l'image complète d'une personne. Seule, elle est insuffisante. En revanche, un texte sans signature ressemble à un homme à qui on a tranché la tête. Voici différentes significations qui dépendent beaucoup de l'ensemble.

L'emplacement

– **Très proche du texte:** le sujet cherche l'appui de l'entourage, il n'est pas sûr de lui; il s'attache à la famille.

– **Très loin du texte:** l'auteur cherche à s'isoler du monde et de ses proches.

– **À droite du texte:** bon équilibre; sujet ambitieux.

– **Au milieu en dessous du texte ou à gauche:** sujet déprimé, névrosé, suicidaire si la signature est barrée par son paraphe.

La direction

– **Droite:** équilibre, fiabilité, stabilité de caractère, parfois blocage de la libido, dureté, égoïsme.

– **Sinueuse:** diplomatie, instabilité, mensonge.

– **Montante:** ambition, confiance en soi, envergure, esprit d'initiative, optimisme.

– **Descendante:** fatigue, lassitude, dépression, maladie.

– **Signature descendante et texte montant:** inadaptation du sujet au monde auquel il cherche à donner une image optimiste et positive tout en étant désespéré et las à l'intérieur.

– **Signature montante et texte descendant:** caractère compliqué qui vit en désaccord avec le monde et avec lui-même. Cyclothymie. Dissimulation. Fragilité. Léthargie.

La forme

– **Plus grande que le texte:** vanité, narcissisme, égocentrisme; la même chose s'applique lorsque l'auteur ne met que ses initiales.

– **Plus petite que le texte:** timidité, angoisse, manque d'ambition et d'affirmation.

– **Illisible:** normal chez un homme d'affaires; sinon mensonge.

Remarque: En ce qui concerne la forme des lettres, la pression, l'inclinaison et l'espacement, vous pouvez vous référer aux principes généraux déjà évoqués. Quand le prénom ou son initiale sont plus grands que le nom de famille, le sujet est égocentrique, narcissique; et si la lettre majuscule du nom et ou prénom est séparée et penchée en arrière, vers la gauche, nous pouvons conclure à des difficultés avec les parents.

Le paraphe

– **Absent:** simplicité, équilibre, bonne culture.

– **Droit:** énergie, ambition, esprit de décision.

– **Entourant la signature:** sens des responsabilités familiales, retrait vers la vie privée, isolement de la société.

– **Traits plongeants:** activité matérielle et concrète, réalisme, combativité, agressivité, dureté.

– **En lasso:** habileté, diplomatie, ténacité, coquetterie.

– **Anguleux:** esprit de décision, méchanceté, complexes, violence.

Remarque: la méfiance s'impose lorsque la signature est sensiblement différente du texte.

6. L'adresse

Le graphisme est similaire à celui de la missive et de la signature: loyauté, honnêteté. Lorsqu'il y a une grande différence: dissimulation, mensonge.

L'adresse est plus grande que le texte et envahit toute l'enveloppe: enthousiasme juvénile, passion, égocentrisme, nature envahissante et extravertie.

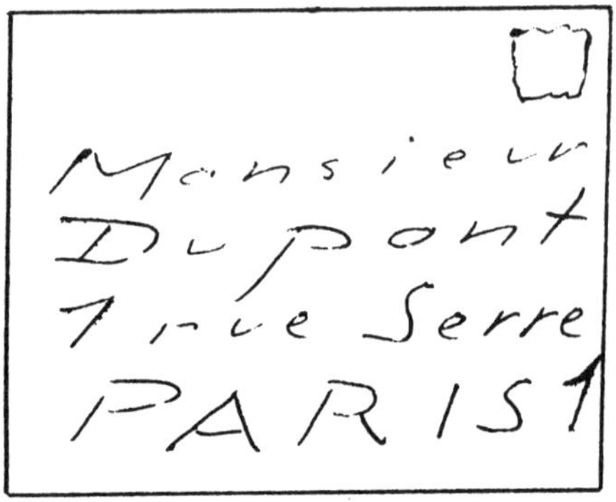

En escalier: le sujet est prudent, méfiant et hésitant.

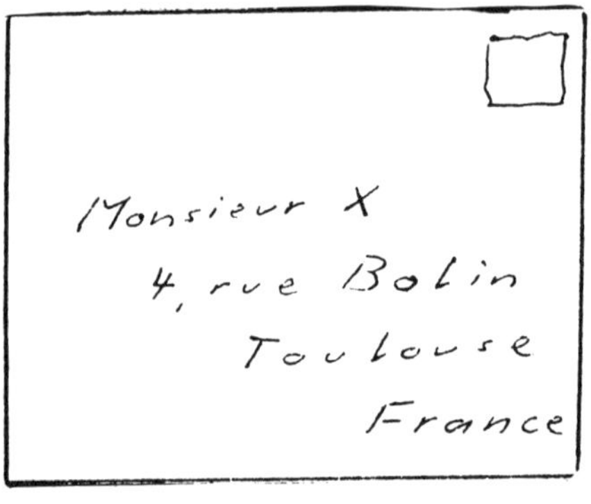

En bas à gauche: inhibitions sexuelles, humilité, manque d'assurance, soumission, pessimisme, dépression.

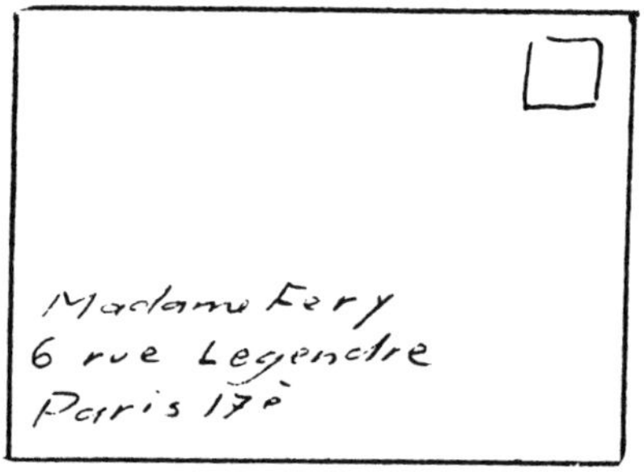

En haut à gauche: ambitions intellectuelles, idéalistes. Frustrations. Complexes d'infériorité sur le plan professionnel.

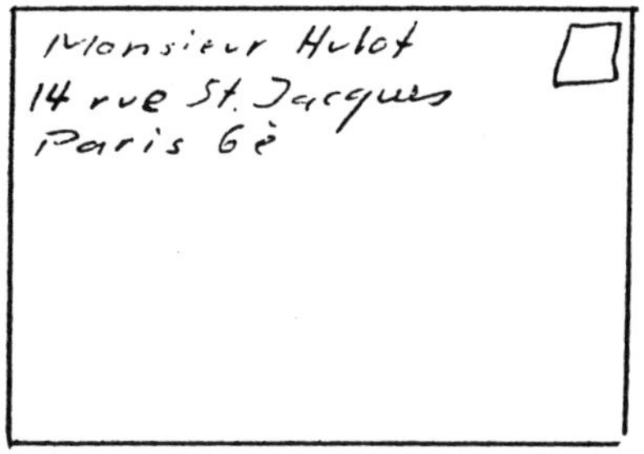

En bas à droite: intérêts matériels, instinctifs et physiques; pragmatisme. Les chiffres agrandis montrent les mêmes tendances.

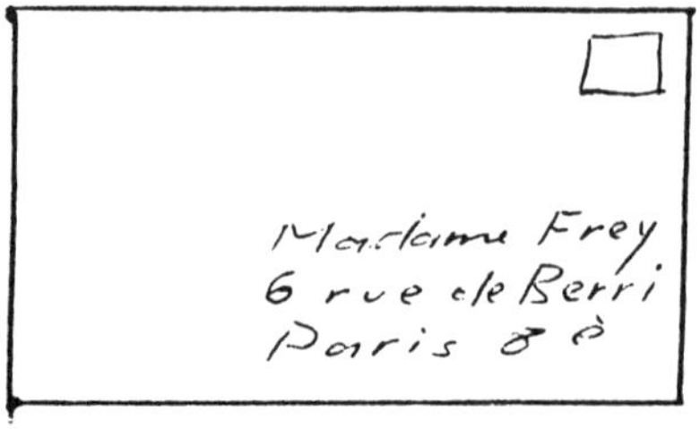

Ajoutons que l'adresse claire, bien au centre, marque l'équilibre.

VII. L'alphabet (majuscules et minuscules)

Pourquoi ne consacrons-nous que quelques pages aux lettres individuelles? L'amateur pense en général que l'essence de la graphologie réside dans la formation de la lettre. L'étude de la première partie de notre ouvrage vous a certainement convaincu du contraire. Bien qu'il soit possible d'écrire des volumes entiers uniquement sur les majuscules ou les minuscules – ce qui a déjà été fait avec plus ou moins de bonheur–, il est illusoire d'espérer connaître le caractère d'un auteur en se basant uniquement ou essentiellement sur le dessin des lettres de sa missive. La forme d'une lettre isolée ne signifie rien du tout. D'une part il faut voir l'ensemble de l'écriture et, d'autre part, il convient de comptabiliser la fréquence d'une certaine forme de lettre. En effet, chez un sujet équilibré, la même lettre est tracée de différente manières sur une page manuscrite. Ici aussi, contrairement à ce que vous pouviez penser, une trop grande régularité dénote un blocage du caractère qui peut aboutir à la névrose. C'est vrai également en ce qui concerne une trop grande irrégularité, sauf que la tendance névrotique ou psychotique ne sera pas la même, comme nous le verrons lorsqu'il sera question de maladie. Ainsi, en présence d'un spécimen, comme pour les autre signes, vous ajoutez à vos remarques précédentes la forme prédominante de chaque lettre, avec ses qualités et défauts potentiels par rapport au caractère du sujet.

Répétons que l'interaction de l'ensemble s'impose. La disposition, la direction, la rapidité, la dimension, la pression et la forme en général ont autant d'importance que le tracé de la lettre. Lorsqu'elle se trouve au début ou à la fin d'un mot vous vous référerez au paragraphe des entames et des finales (premier chapitre, VI/3).

Les majuscules

Le A

1. simple:
culture, équilibre, droiture;

2. à fioritures:
vulgarité, vanité, esprit superficiel, mensonge, fourberie, dissimulation, égoïsme;

3. maigre:
timidité;

4. barre en coupe ouverte:
joie de vivre, sens de l'humour, générosité;

5. en croix:
sarcasme, méchanceté, dureté;

6. en lasso:
persévérance, ténacité, fierté;

7. sans barre:
négligence;

8. bouclé:
égoïsme, perversion;

9. crochets (peu importe leur direction);
intérêt matériel;

10. trait initial superflu:
sens critique, réminiscence;

11. finale plongeante:
rancune, recherche de plaisirs matériels, envie;

12. trait couvrant:
dissimulation;

13. barre triangulaire:
attitude défensive.

Remarque: Lorsque la majuscule penche en arrière, vers la gauche et se trouve dissociée (juxtaposée) des lettres suivantes, le sujet a eu de graves problèmes avec ses parents. Cela s'applique à toutes les majuscules.

D'ailleurs, vous verrez un grand nombre de similitudes dans l'évaluation des formes de toutes les majuscules.

Le B

1. simple:
culture, équilibre, droiture;

2. à fioritures:
vulgarité, vanité, esprit superficiel, mensonge, fourberie, dissimulation, égoïsme;

3. maigre:
timidité;

4. en lasso:
persévérance, ténacité, fierté;

5. bouclé:
égoïsme;

6. crochets:
intérêts matériels;

7. hampe prolongée:
esprit d'entreprise, ambition;

8. grande boucle inférieure:
crédulité, joie de vivre;

9. grande boucle supérieure:
prudence, peur;

10. trait couvrant:
dissimulation;

11. boucles détachées:
intérêts matériels ou isolement psychique (selon les autres signes);

12. formes étranges:
déviations psychiques ou sexuelles.

Le C

1. simple:
culture, équilibre, droiture;

2. bouclé, enroulé:
égoïsme;

3. à fioritures:
vulgarité, vanité, mensonge, fourberie;

4. très arrondi:
amabilité, sensualité, idéalisme, générosité;

5. crochets:
intérêts matériels;

6. boucle boueuse:
problèmes avec le passé, perversions;

7. simplification extrême:
ambition, vivacité d'esprit, nervosité;

8. angles:
agressivité, méchanceté, colère;

9. petit trait montant, superflu:
rancune, sarcasme.

Le D

1. simple:
culture, équilibre, droiture;

2. trait régressif, boucle:
égoïsme;

3. en lasso:
persévérance, ténacité, vanité;

4. à fioritures:
vulgarité, fourberie, mensonge;

5. ouvert en haut:
volubilité;

6. ouvert en bas:
médisance, fourberie, mensonge;

7. crochets:
matérialisme, cupidité.

Remarque: Selon les lettres, les similitudes de la signification graphique sont plus ou moins grandes.

Le E

1. simple (typographique):
culture, équilibre, droiture;

2. bouclé:
égoïsme;

3. en deux arcs:
esprit vif, compréhension rapide;

4. grand et mince:
inhibitions, timidité;

5. barre du milieu plus longue:
prudence et peur;

6. crochets:
intérêts matériels;

7. à fioritures:
vulgarité, bêtise, mensonge;

8. trait couvrant:
névrose;

9. trait inférieur prolongé:
narcissisme.

Le F

1. simple:
culture, équilibre, droiture;

2. trait supérieur prolongé:
protection de la famille, sens de ses responsabilités;

3. en lasso:
persévérance, ténacité, fierté;

4. boucle supérieure:
rêve, utopie;

5. en croix:
négligence, fatalisme, pessimisme;

6. trait couvrant:
névrose, dissimulation;

7. crochets:
intérêts matériels;

8. fioritures:
vulgarité, mensonge, fourberie, vanité.

Le G

1. simple, typographique:
culture, équilibre, droiture;

2. semblable à un 8:
sujet intellectuel, tendances homosexuelles selon les autres signes;

3. fioritures:
vulgarité, bêtise;

4. angles sinistrogyres:
égocentrisme, narcissisme, méchanceté;

5. crochets:
intérêts matériels;

6. trait plongeant:
recherche de réalisations;

7. simplification extrême:
intelligence, vivacité d'esprit;

8. mouvement triangulaire dans le jambage:
frustrations et insatisfactions sexuelles.

Le H

1. simple:
culture, droiture, équilibre;

2. maigre:
timidité, réserve;

3. large:
vanité, générosité, prodigalité, attachement au luxe;

4. barre anguleuse:
réalisme, sens des affaires, persévérance;

5. crochets ou boucles:
égoïsme, intérêts matériels.

Le I

1. simple:
culture, simplicité;

2. bâtonné:
intellectualisme, vivacité;

3. crochets:
intérêts matériels.

Le J

1. plongeant:
réalisme;

2. simple:
culture, simplicité;

3. crochets:
intérêts matériels;

4. bouclé:
égoïsme.

Le K

1. simple:
culture, équilibre, droiture;

2. trait inférieur court:
ambition;

3. en lasso:
persévérance;

4. juxtaposé:
intuition, imagination, chimères;

5. en x:
esprit de contradiction, agressivité;

6. crochets:
intérêts matériels.

Le L

1. simple:
culture;

2. en lasso doux:
ténacité, douceur, tendresse;

3. à fioritures:
peu sincère, vanité;

4. entame anguleuse:
esprit critique;

5. trait descendant:
réalisme, prudence, matérialisme, pessimisme.

Le M

1. simple, anguleux:
culture, équilibre, dureté;

2. premier jambage plus haut:
orgueil, finesse d'esprit, irritabilité, narcissisme;

3. deuxième jambage plus haut:
complexe d'infériorité, envie, recherche les honneurs, vanité;

4. dernier jambage plongeant avec trait superflu au début:
recherche de gains et plaisirs matériels, esprit de contradiction si la forme est anguleuse;

5. en arcs détachés:
enthousiasme, esprit d'indépendance, amabilité intéressée, hypocrisie (si d'autres arcs se trouvent dans l'écriture);

6. crochet sinistrogyre:
attitude défensive, âpreté;

7. guirlandes:
amabilité, sensualité;

8. à fioritures:
vulgarité, fourberie.

Lorsque le **M** est surélevé par rapport à la ligne médiane et à la dimension des minuscules, il dénote les ambitions intellectuelles et les rêves.

Le N

1. simple:
culture;

2. deuxième jambage surélevé:
entrain, ambition;

3. en arcs:
amabilité, sensualité;

4. anguleux et crocheté:
intérêts matériels, dureté en affaires.

Le O

1. simple:
culture;

2. ouvert en haut:
sociable, sujet extraverti;

3. bouclé:
sujet renfermé, introverti, diplomate, menteur;

4. annelé:
discrétion, mensonge, hypocrisie;

5. forme bizarre:
maladie, perversions sexuelles;

6. trait couvrant:
névrose.

Le P

1. simple:
culture;

2. en courbe:
amabilité, recherche de contact;

3. en volute:
sens artistique;

4. grande boucle:
générosité;

5. en deux parties:
sens de l'organisation, idées constructives, esprit d'indépendance, isolement, névrose.

Le Q

1. simple, reproduction de la lettre minuscule:
culture, équilibre;

2. barre à forte pression:
esprit vif, brutalité, passion.

Le R

1. typographique:
culture, simplicité;

2. jambage plongeant:
persévérance, but matériel, réalisme;

3. haut et étroit:
fierté, supériorité aristocratique;

4. carré:
sens pratique;

5. traits sinistrogyres:
égoïsme, avarice;

6. en plusieurs traits:
isolement, névrose.

Le S

1. typographique:
culture;

2. boucle régressive:
tromperie;

3. forme du **s** minuscule:
originalité, esprit critique, volonté, caractère difficile.

Le T

1. simple:
intelligence;

2. sinueux:
humour;

3. barre allongée:
protection de la famille, sens de l'organisation.

Le U

1. simple:
culture, équilibre;

2. angulaire:
persévérance.

Le V

1. simple:
culture;

2. deuxième trait surélevé:
enthousiasme, idéalisme;

3. surélevé et angulaire:
fermeté;

4. rond:
amabilité;

5. trait angulaire épais:
agressivité;

6. petite boucle à droite:
insatisfactions, déceptions;

Le W

1. simple:
culture;

2. trait montant à la fin:
enthousiasme, idéalisme;

3. rond:
générosité;

4. bizarre:
perversions sexuelles.

Le X

1. simple:
culture;

2. en deux parties:
confusion d'esprit, médisance;

3. trait plongeant:
agressivité, colère.

Le Y

1. simple:
culture, bon jugement;

2. boucle ouverte:
manque de maturité, le sujet se laisse influencer, tendance homosexuelle chez l'homme;

3. crochet:
avarice.

Le Z

1. arrondi:
amabilité, faiblesse;

2. en éclair:
vivacité d'esprit, dynamisme, ardeur.

Remarque: lorsque les majuscules ne sont pas reliées aux lettres suivantes, l'auteur est circonspect; si la majuscule se termine brutalement et que l'espace est grand, nous pouvons conclure que le sujet est méfiant et souvent égoïste. La même chose s'applique à la première lettre minuscule du mot dans une écriture autrement très liée.

Les minuscules

Le a

1. fermé, simple:
culture, équilibre, diplomatie;

2. ouvert en haut à droite:
sociabilité, extraversion, dons oratoires, bavardages;

3. cadenassé:
sujet discret, renfermé, introverti;

4. maigre, étroit:
timidité, esprit étroit;

5. bouclé haut:
avidité, égoïsme, jalousie;

6. tracé à l'envers, dans le sens
des aiguilles d'une montre:
duplicité, manque de franchise;

7. ouvert en bas, peu importe le tracé:
hypocrisie, fourberie, mensonge;

8. ouvert à gauche:
cupidité, égoïsme, curiosité malsaine;

9. nombreuses boucles sinistrogyres:
égocentrisme, narcissisme, auto-érotisme, névrose;

10. annelé:
amabilité intéressée;

11. très ouvert, comme un **u**:
bavardage, médisance;

12. plus grand que les autres lettres, gonflé:
intérêts matériels et sensuels, gourmandise,
recherche de plaisirs, parfois imagination;

13. boueux:
phantasmes de débauches sexuelles, jalousie;

14. en forme de **e**:
fatigue intellectuelle, surmenage;

15. juxtaposé, brisé en plusieurs morceaux:
isolement, intuition, névrose.

Le b

1. typographique:
culture, intelligence;

2. trait initial anguleux:
sens critique;

3. forme scolaire:
esprit bloqué, manque de culture;

4. trait fluide avec boucle:
imagination;

5. entame courbée vers le haut:
humour, joie de vivre;

6. crochets:
ténacité, avidité;

7. enroulements:
égoïsme, avarice, mensonge, dissimulation;

8. traits couvrants, multiples:
manque de sincérité, névrose;

9. hampe surélevée:
ambitions intellectuelles, chimères;

10. corps ovale:
sujet maniéré, conventionnel, dissimulation, mensonge, tendance homosexuelle chez l'homme, selon les autres signes;

11. gonflé:
sensualité, hédonisme;

12. juxtaposé:
intuition, névrose;

13. simple, surélevé, ouvert en bas:
ascétisme, stoïcisme, esprit de contradiction.

Le c

1.simple:
culture, intelligence;

2. rond:
douceur, amabilité;

3. en coupe ouverte:
orgueil, vanité, narcissisme;

4. évanescent:
esprit intuitif et analytique, réalisme, intelligence;

5. boucle supérieure pleine:
problèmes avec le passé, complexes;

6. en forme de **e**:
égoïsme;

7. rond et épais:
sensualité;

8. enroulé:
subtilité intéressée, sentiments acariâtres, frustrations, mensonge;

9. trait couvrant, boucle:
dissimulation, névrose.

Le d

1. simple:
assurance, culture, optimisme, réalisme;

2. trait régressif, courbe:
complexes, faiblesse, (mode d'écriture ancienne);

3. hampe progressive:
enthousiasme, crédulité enfantine, ambitions variées;

4. enroulements:
égoïsme, intérêts matériels, complexes, introversion;

5. hampe surélevée:
idéalisme, utopie, ambitions intellectuelles, vanité;

6. hampe surélevée et tracé juxtaposé:
idées chimériques, intuition, isolement, névrose;

7. ouvert en bas:
hypocrisie, fourberie;

8. ouvert en haut:
volubilité, sujet extraverti;

9. agrandi par rapport aux autres lettres:
sensualité, hédonisme;

10. petits traits superflus pour corriger le tracé initial:
hypocondrie, mélancolie, malades imaginaires,
(états psychosomatiques) mensonge par peur;

11. le **d** grec:
culture, intelligence, vivacité d'esprit;

12. boucles diverses:
susceptibilité, duplicité;

13. finale suspendue:
peur, angoisse, manque de sincérité, névrose;

14. lettre négligée à angles ou crochets:
impulsions destructrices, masochisme.

Le e

1. simple:
culture,équilibre;

2. finale abrupte:
égoïsme, avarice (selon les autres signes), indolence, brutalité, peu de considération pour autrui;

3. finale massuée:
recherche d'isolement, cruauté mentale, écartement inattendu et sans raison de ses proches et de ses amis;

4. finale gladiolée:
causticité, méchanceté;

5. trait montant en courbe:
enthousiasme, rêve, occultisme, tendances mystiques;

6. trait montant anguleux:
ambition, dureté;

7. finale descendant très peu:
pessimisme, découragement, tendance névrotique;

8. finale en légère courbe plongeante:
esprit autoritaire, réalisme, entêtement;

9. lettre grecque:
intelligence, esprit, culture, vivacité;

10. boueux:
sensualité (parfois exacerbée),
tendance à la débauche, complexes;

11. trait sinistrogyre anguleux:
égoïsme, méfiance, méchanceté, indolence;

12. finale en lasso:
ténacité, ruse, duplicité;

13. ressemblant au **c:**
négligence, paresse;

14. réduit à un point:
impatience, nervosité, confusion d'esprit, névrose;

15. finale en courbe douce:
amabilité, générosité, joie de vivre, optimisme;

16. **es** en forme de **8:**
mythomanie.

Le f

Remarque: la forme du **f** comme d'ailleurs celle du **t** peut comporter un très grand nombre de variations que nous ne pouvons citer au complet dans cet ouvrage. D'autre part, il ne serait pas utile de le faire, car, comme nous l'avons déjà dit, le tracé d'une lettre seule n'a qu'une signification réduite. Il suffit de faire la synthèse des règles générales pour retrouver les caractéristiques de chaque lettre. L'essentiel, c'est de savoir nuancer ses appréciations. Pour le **f,** par exemple, comme pour le **a** et le **d** précédents, la notion du trait régressif diffère légèrement. En effet, pour le **a** et le **d**, les mouvements naturels et positifs sont ceux tracés d'abord vers la gauche, à l'inverse des aiguilles de la montre. Le **f** avec une panse de son jambage à gauche n'est pas non plus négatif, contrairement aux affirmations de certains graphologues.

1. forme simple, bouclée, à lasso, hampe et jambage de proportions égales:
équilibre, persévérance, bonne libido;

2. typographique:
intelligence, culture, efficacité;

3. barre en-dessous de la ligne de l'écriture, boucle:
complexes, inhibitions, rêves;

4. barre sur la ligne, jambage droit et hampe bouclée de même longueur:
ambitions élevées, chimères;

5. en croix:
nihilisme, fatalisme, asthénie;

6. angulaire:
énergie, méchanceté;

7. hampe droite, jambage bouclé à lasso:
ambitions matérielles;

8. hampe bouclée, élevée, jambage court et barré:
répression des instincts, refus de la sexualité, buts élevés, mysticisme, névrose;

9. forme souple, originale:
tendances artistiques, créatrices;

10. angle régressif, triangulaire:
frustrations sexuelles, émotions inhibées;

11. contorsions:
tendances homosexuelles;

12 hampe développée, jambage pendant:
ambitions intellectuelles, libido faible (sauf si le trait est très encré);

13. hampe brisée, jambage ouvert à gauche:
hypertension, maladie du coeur, mauvaise circulation sanguine, insatisfactions sexuelles;

14. jambage à grosse boucle, hampe basse:
besoins sexuels et matériels importants,
ambitions intellectuelles limitées;

15. jambage et hampe prolongés:
ambitions, insatisfactions sur tous les plans, libido forte, passion (si très incliné à droite);

16. à crochets:
intérêts matériels;

17. jambage à boucle pendant très à gauche
avec hampe ou jambage boueux:
tendances perverses homosexuelles.

Le g

1. simple:
culture, équilibre, fidélité, constance;

2. jambage long, bouclé:
sexualité normale;

3. jambage ouvert:
insatisfactions sexuelles, désirs, chimères, frustrations;

4. trait angulaire sinistrogyre:
fuite des responsabilités affectives et sexuelles, égoïsme, avarice;

5. jambage gonflé:
sexualité prononcée, débordante, onanisme;

6. simplifié:
culture, créativité, dévouement, souplesse, intelligence, parfois refoulement des instincts;

7. abrégé:
intuition, vivacité d'esprit, ambitions intellectuelles, nervosité, projection dans l'avenir, passion spirituelle, sexualité refoulée, fatigue;

8. jambage à panse très longue:
désirs inavoués d'aventures sexuelles;

9. contorsion vers la droite:
peur des relations intimes, névrose;

10. jambage montant vers la gauche, gonflé ou autres formes étranges: tendances homosexuelles;

11. jambage tordu: tendances homosexuelles;

12. boucle gonflée et jambage court; le jambage long au trait maigre et brisé a la même signification: sujet affectueux, parfois sensuel, mais peu porté sur la sexualité réelle, paresse.

Remarque: jambages de formes variées dans une même écriture: infidélité.

Le h

1. simple: culture;

2. surélevé: vanité, orgueil, ambitions intellectuelles;

3. suspendu: diplomatie, manque de sincérité;

4. petit enroulement:
égoïsme, avidité;

5. hampe gonflée:
émotivité, sensibilité, parfois bêtise;

6. entame acérée:
sens critique, esprit caustique, méfiance.

Le i

1. simple:
droiture, culture;

2. point à droite:
ambition, volonté, enthousiasme;

3. point à gauche:
refoulement, pessimisme, mélancolie;

4. point lourd:
intérêts matériels, sujet autoritaire et volontaire;

5. point en petit rond:
attitude théâtrale, affectée, égoïsme;

6. point en virgule:
sens de l'humour, sarcasme, esprit caustique et cynique;

7. absence de point:
négligence, paresse, manque de concentration;

8. point placé bas:
matérialisme, volonté;

9. point placé haut:
imagination, rêve, idéalisme, utopie;

10. point relié à la lettre qui suit:
esprit analytique, intelligence vive.

Le j

1. simple:
équilibre, culture;

2. jambage ouvert:
insatisfactions;

3. jambage trop gonflé:
sexualité exacerbée;

4. jambage à torsions:
souffrances physiques, perversions sexuelles;

5. jambage angulaire:
déceptions sexuelles, tendances tyranniques,
despotisme, méchanceté, colère;

6. simplifié à l'extrême, bâtonné:
ambitions et insatisfactions sur tous les plans,
passion démesurée;

7. jambage brisé à pression faible, absence de point:
faiblesse physique, asthénie, maladie, névrose latente
ou déclarée, dépression, impuissance;

8. jambage avorté ou pendant faiblement en bâton:
intérêt sexuel limité;

9. petite barre sous le jambage bâtonné:
refoulement volontaire des impulsions sexuelles.

Remarque: comme pour le **g**, les jambages de formes variées
indiquent l'infidélité du sujet.

Le l

1. simple: culture;

2. haut:
vanité, aspirations élevées, visions chimériques;

3. courbe douce dans le bas de la hampe:
sensibilité, émotivité, amabilité,
complaisance verbale, parfois générosité;

4. dénudé:
esprit intuitif et analytique, bon jugement,
intelligence concrète et abstraite;

5. angulaire:
caractère difficile, méchanceté;

6. entame acérée:
sens critique, méfiance.

Le m et le n

1. mélange d'angles et de guirlandes:
intelligence, culture, équilibre;

2. en guirlandes:
amabilité, générosité, souplesse, le sujet s'adapte facilement, mais se laisse aussi influencer, paresse, sensualité, hédonisme, faiblesses, parfois instabilité, (selon le milieu graphique);

3. arqué:
tendance à manipuler les gens, rigidité, égoïsme, manque parfois de sincérité;

4. filiforme:
grandes capacités commerciales, diplomatie, intelligence, souplesse, amabilité intéressée, hypocrisie, mensonge;

5. suspendu:
moralité douteuse, duplicité;

6. entame surélevée:
égoïsme, vanité;

7. finale plongeante:
réalisme, brutalité, esprit de contradiction;

8. annelé:
amabilité intéressée, égoïsme;

9. traits recourbés ou enroulés:
dissimulation, inhibitions, manque de franchise, intérêts matériels, égoïsme;

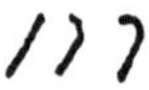

10. fragmenté:
intuition, instabilité, névrose, schizophrénie;

11. angulaire:
ambition, brutalité, passion, égoïsme, méchanceté;

Remarque: formes et significations similaires pour le **n**.

Le o

1. fermé:
discrétion;

2. enroulement:
secret, dissimulation, parfois dextérité manuelle;

3. guirlandes annelées:
habileté commerciale, amabilité intéressée selon les autres signes, parfois asthénie;

4. agrandi:
générosité, sensualité;

5. ouvert en bas:
malhonnêteté, duplicité;

6. ouvert en haut:
bavardage, médisance, inconscience;

7. tracé à l'envers, c'est-à-dire dans le sens de l'aiguille de la montre:
fourberie, vol, tendances criminelles.

Remarque: Répétons qu'il est nécessaire de compter les différentes formes présentes de chaque lettre dans une missive donnée, afin de savoir laquelle prédomine. Ajoutons qu'ici aussi une trop grande régularité de forme n'est pas une qualité; elle dénote un blocage du caractère et parfois une tendance à la névrose. Ainsi le bon équilibre demande une certaine irrégularité de la forme des lettres, sans tomber dans les excès. Ce sera au graphologue de nuancer la synthèse de ses découvertes. En revanche, si l'auteur vous fournit plusieurs documents et que la variété de la forme de ses lettres atteint six ou sept spécimens étayés par d'autres irrégularités de l'écriture, il devient difficile de nier une certaine instabilité du sujet. De même les lettres confondues, c'est à dire le **o** qui ressemble à un **e** ou à un **a** révèlent soit une grande fatigue (selon les autres signes), soit la duplicité.

Le p

1. typographique:
culture;

2. bouclé:
persévérance;

3. trop fragmenté et simplifié:
précipitation, manque d'ordre,
nervosité maladive, fantaisie;

4. ouvert en haut:
bavardage;

5. tracé en deux courbes:
créativité, imagination, talents artistiques;

6. angulaire à crochets:
méchanceté, esprit de contradiction, comportement
sournois, duplicité, cupidité;

7. jambage long et bouclé:
besoin d'activité physique, sexualité;

8. hampe surélevée:
exaltation, enthousiasme, idéalisme;

9. trait couvrant:
hésitation, manque de franchise, dissimulation, isolement (si la lettre est juxtaposée).

Le q

1. trait horizontal superflu:
refoulement des instincts,
conflits psychiques, combativité;

2. crochet sinistrogyre ou enroulements divers:
avidité, égoïsme;

3. jambage droit à forte pression:
volonté, ambition, bonne libido;

4. jambage droit, faible ou brisé:
paresse, pessimisme, libido faible, maladie;

5. simple:
culture, équilibre;

6. trait couvrant:
dissimulation;

7. jambage court, faible:
refoulement des instincts.

Le r

1. majuscule à la place d'une minuscule:
imagination, talents littéraires;

2. peu marqué, ressemblant à un **i**:
culture, intelligence, personnalité.

Le s

1. typographique:
culture, intelligence;

2. fermé:
dissimulation;

3. simple:
équilibre;

4. angulaire:
entêtement, rigidité d'esprit, révolte;

5. plongeant:
surmenage, ambition exacerbée;

6. enroulé:
obstination, ténacité, égoïsme,
capacités commerciales;

7. confondu avec le **e**:
intelligence supérieure (si l'écriture est harmonieuse) ou fourberie si d'autres signes le confirment; dans ce dernier cas, nous avons à faire aux lettres confondues. La ligne de démarcation entre les deux appréciations opposées n'est pas facile à tracer. Il s'agit en général de l'une ou de l'autre, bien qu'il puisse arriver que ces appréciations se confondent;

8. formes excentriques:
angoisses, phobies, névroses;

9. surélevé:
vanité, complexe de supériorité, manque d'honnêteté, amour-propre, susceptibilité.

Le t

C'est la seule lettre qui fait presque l'unanimité entre tous les graphologues, anciens et modernes. Elle revêt une importance primordiale dans l'analyse d'une écriture, peu importe son pays d'origine. Nous nous limitons ici aux formes les plus usuelles.

Bien qu'il existe encore un grand nombre d'autres formes de **t**, nous pouvons conclure que cette lettre illustre essentiellement la volonté du sujet. La pression trop faible, trop forte ou inégale, révèle le manque de volonté de même que les formes juxtaposées. Trop de formes différentes dans une seule écriture trahissent l'instabilité de la volonté de l'auteur. Cherchez tout d'abord à vous appuyer sur les formes prédominantes, s'il y en a. Ici aussi, une forme unique dans toute la page n'est guère un signe positif. L'idéal serait de trouver une régularité de forme limitée.

1. simple, barre dépassant légèrement le milieu de la hampe, pression forte:
culture, équilibre, bonne libido (volonté et activité);

2. barre plus épaisse que la hampe:
brutalité, ambitions et instincts exacerbés;

3. barre épaisse à gauche de la hampe:
obstination, inhibitions, angoisses, le sujet vit dans le passé, méfiance;

4. barre épaisse à droite de la hampe:
volonté, rigueur, manque de fantaisie et d'adaptation, dureté, entêtement, esprit rapide;

5. barre lancée en massue:
orgueil paranoïaque, le sujet peut repousser ses amis avec brutalité, sans raison; égoïsme;

6. barre épaisse à gauche qui s'effile à droite de la hampe:
manque de consistance,volonté initiale qui s'estompe;

7. forme simple, légèrement surélevée:
fermeté, esprit d'analyse, bonne libido, ambition;

8. barre en lasso:
persévérance, ténacité, grande résistance, sociabilité;

9. barre épaisse, basse, simple:
solitude, dépression, humilité, le sujet se laisse influencer;

10. barre haute, pression forte:
esprit indépendant, ambition, volonté;

11. barre juxtaposée, au-dessus de la hampe:
imagination, rêve, utopie, chimères;

12. barre convexe:
autoritarisme;

13. barre élevée et convexe:
despotisme familial;

14. barre horizontale gladiolée:
esprit critique, finesse de jugement, diplomatie;

15. hampe surélevée sans barre:
illusions, utopie, le sujet manque de volonté pour réaliser ses rêves;

16. pression faible, barre lancée à droite:
idéalisme, faiblesse, sujet influençable, irritabilité, nervosité;

17. pression faible, barre à gauche:
absence de volonté, sujet indécis, instable, hésitant dans l'action, effeminé, névrosé, sans ambition, dépressif, caractère vélléitaire.

18. barre ondulée:
joie de vivre, sens de l'humour, optimisme, ambition, amabilité, générosité;

19. barre concave:
paresse, prudence, inhibition, humour tourné vers la dérision;

20. angles et crochets:
avarice, égoïsme, sujet volontaire et paranoïaque;

21. barre surplombant la hampe, jointoyée:
despotisme;

22. sans barre:
il faut voir l'ensemble de l'écriture; parfois c'est l'absence de volonté, mais pas toujours. Dans un graphisme angulaire, très incliné à droite, à forte pression, rapide et harmonieux, le sujet peut faire preuve d'une grande volonté. Indépendance (Voir les écritures des passionnés);

23. angulaire:
méchanceté, égoïsme, indépendance;

24. lasso sinistrogyre:
violence contrôlée, sujet vindicatif,
tempérament masculin chez la femme;

25. bouclé:
douceur, amabilité, puérilité
(formes bizarres, tordues), bêtise;

26. barre lancée vers le haut, bonne pression:
enthousiasme, optimisme, ambition, volonté;

27. barre en croix descendante:
combativité, déceptions;

28. angles sinistrogyres:
méchanceté, sujet frustré sur tous les plans;
rancune, insatisfactions, esprit caustique;

29. barre reliée à la lettre suivante:
esprit analytique, volonté forte;

30. lancé vers le haut:
énergie, ambition, crédulité, optimisme; le sujet cherche à compenser sa profonde amertume affective par une activité débordante.

Le u

1. à base sinueuse:
éclectique, instable, facétieux;

2. entame acérée:
esprit critique;

3. très large:
imagination, générosité, (parfois perversions);

4. fragmenté:
duplicité, sentiment d'insécurité, malhonnêteté, névrose obsessionnelle;

5. en **v**:
puritanisme, esprit étroit.

Le v

1. deuxième trait surélevé:
enthousiasme, esprit d'entreprise, optimisme enfantin;

2. simple:
intelligence;

3. bouclé:
vulgarité;

4. en **u** (guirlande):
amabilité, caractère doux;

5. crochets:
violence, avidité.

Le w

1. angulaire:
sujet réfléchi, intellectuel et pragmatique;

2. finale surélevée:
enthousiasme, crédulité;

3. de forme étrange:
fantasmes sexuels, perversions;

4. enroulements légers:
esprit de contradiction, entêtement, persévérance.

Le x

1. en deux parties:
sujet bavard, extraverti, manque d'ordre;

2. trait plongeant:
impatience, colère.

Le y

1. droit:
bonne concentration, culture;

2. arrondi:
douceur, amabilité, générosité;

3. jambage gonflé, ouvert ou tordu:
tendances homosexuelles;

4. jambage anguleux, en griffe lancée à gauche:
avidité, égoïsme;

5. jambage sans pression, court:
libido faible.

Le z

1. simple:
culture, intelligence;

2. trait massué, long:
brutalité, parfois tendances bisexuelles, vanité;

3. trait plongeant:
esprit critique, réalisations pratiques, signe de dépression selon le milieu graphique.

Répétons: la signification des lettres ne peut être que complémentaire; ici, plus que dans l'ensemble des appréciations, il existe un certain flottement. Seule la lettre **t** nous donne des renseignements précis, et cela, peu importe le pays d'origine de l'auteur, étant donné que les formes scolaires s'estompent assez rapidement chez un être évolué. Si ce n'est pas le cas, vous vous trouvez devant un sujet primitif, simpliste et bloqué. Lorsqu'il y a absence de caractère et d'idée personnelle, ce n'est pas l'écriture qui le découvrira; elle révélera tout au plus les défauts graves ou les maladies du sujet.

Chapitre
II

À présent, vous possédez des notions assez précises sur la graphologie. Elles vous permettent d'absorber le glossaire des expressions techniques les plus courantes. Le premier chapitre vous a familiarisé avec les expressions usuelles. Dans le second, elle sont reprises par ordre alphabétique et expliquées ou illustrées dans les cas difficiles.

A. Glossaire des principaux termes techniques

La signification dépend de la forme, de l'emplacement et de la pression du trait, de même que du milieu graphique.

L'écriture est:

acérée: finale des traits aiguë, en pointe d'épée.
(Esprit critique, méchanceté, colère, violence, irritation, impatience, vanité, agressivité.)

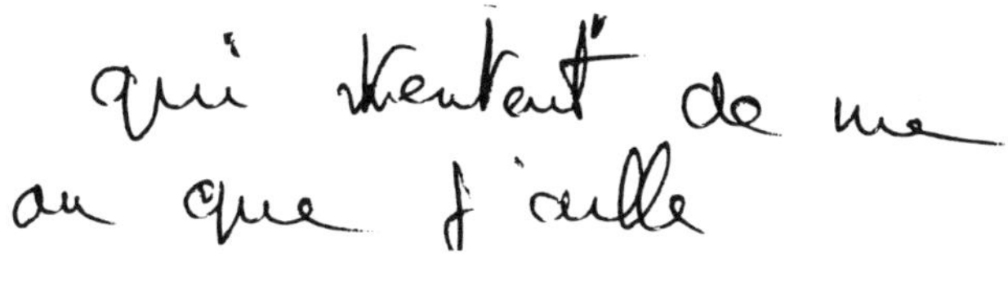

anguleuse: à angles en haut ou en bas.
(Agressivité, méchanceté, ambition.)

arquée: **r**, **n** et **m** tracés en arc.
(Égoïsme, méfiance, mépris, arrogance, esprit conventionnel et artificiel, quand une écriture scolaire appartient à un homme adulte, nous nous trouvons devant un blocage en ce qui a trait à son évolution intellectuelle; caractère autoritaire et souvent hypocrite (selon les autres signes).

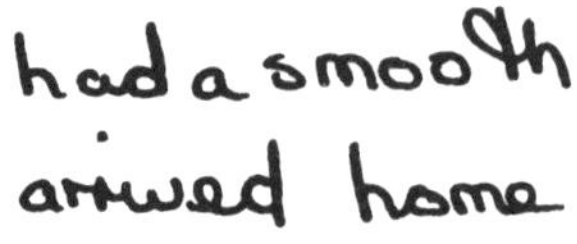

bâtonnée: tracé réduit à un bâton, simplification extrême.
(Jambages: intelligence, activité, réalisme, affectivité refoulée, ambition, matérialisme, parfois dureté et intransigeance; si les bâtons touchent uniquement la zone médiane, nous avons l'écriture juxtaposée dont le trait principal est l'intuition.)

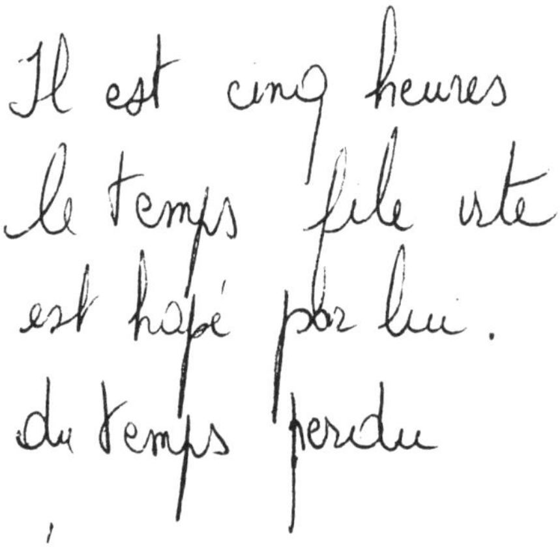

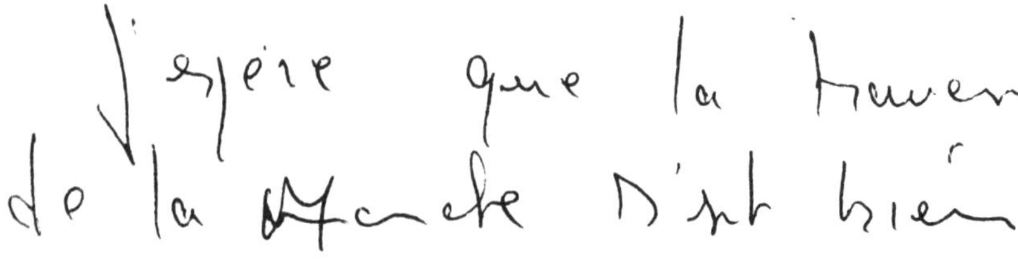

boueuse: lettres à boucles remplies d'encre ou peu nettes, si tracées au stylo à bille.
(Sensualité, perversions, vulgarité, névrose, neurasthénie, faiblesse, hypertension artérielle.)

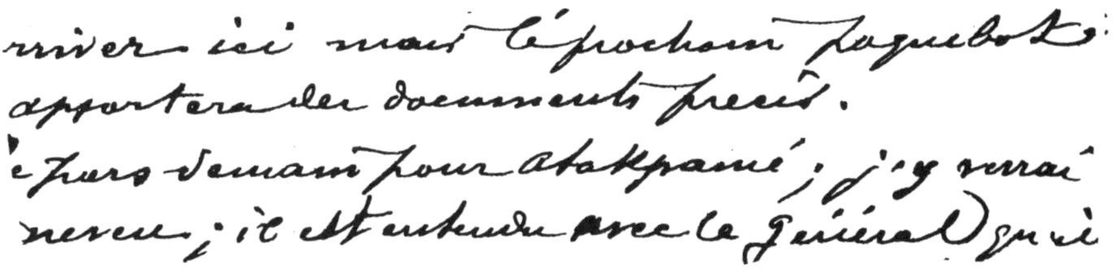

brisée: le tracé des lettres est interrompu.
(Problèmes cardiaques et respiratoires, pessimisme, faiblesse générale, angoisse, inquiétude, névrose maniaco-dépressive.)

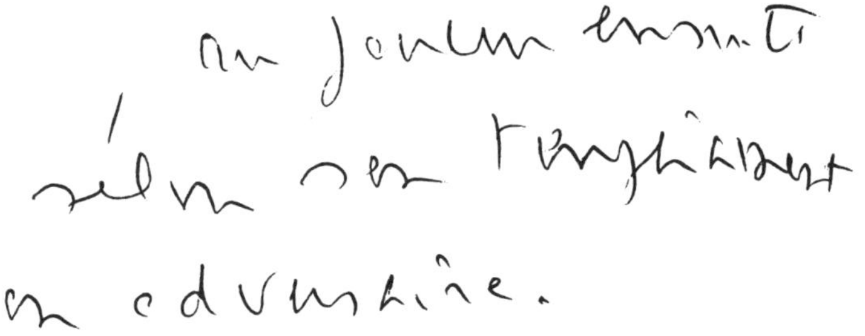

chevauchante: les mots commencent sur la même ligne en montant ou en descendant (voir inclinaison).
(Instabilité de l'action et de l'esprit d'entreprise

1) chevauchant en montant: effort et désir réfrénés, exaltation;

2) chevauchant en descendant: énergie privée d'élan, obstination sans espoir de réussite.)

concave: écriture en coupe, affaissée au centre de la ligne de base.
(Déception, état dépressif dû à une trop grande sensibilité du sujet, esprit chagrin.)

convexe: ligne bombée.
(Énergie et enthousiasme qui retombent avant la réalisation des projets.)

confuse: lettres, mots ou lignes enchevêtrés ou alors des lettres confondues, c'est à dire le **o** qui ressemble au **e** entre autres. (L'essence de l'écriture inharmonieuse: manque de culture et d'intelligence, incapacité de dominer les problèmes quotidiens, confusion d'esprit, dissimulation, mensonge, désirs chimériques, mysticisme (selon le graphisme), manque d'ordre, instabilité, déséquilibre psychique, sénilité.)

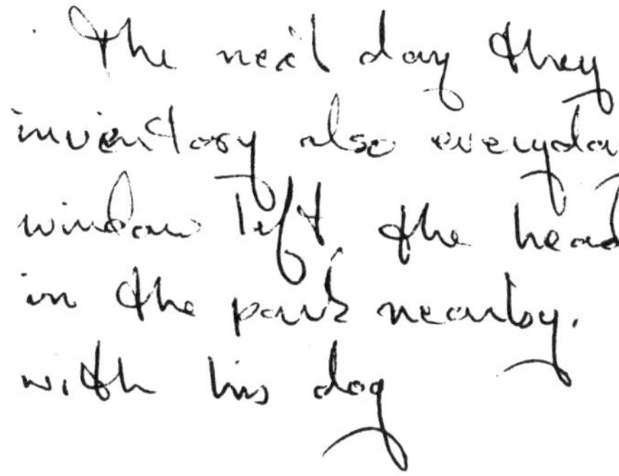

conventionnelle: artificielle, scolaire (chez l'adulte).
(L'évolution du caractère est bloquée par des principes trop rigides; dissimulation.)

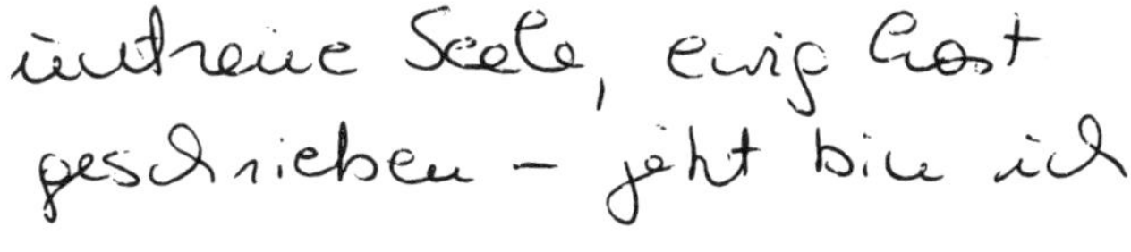

discordante: écriture trop inégale, excessive.
(Troubles psychiques.)

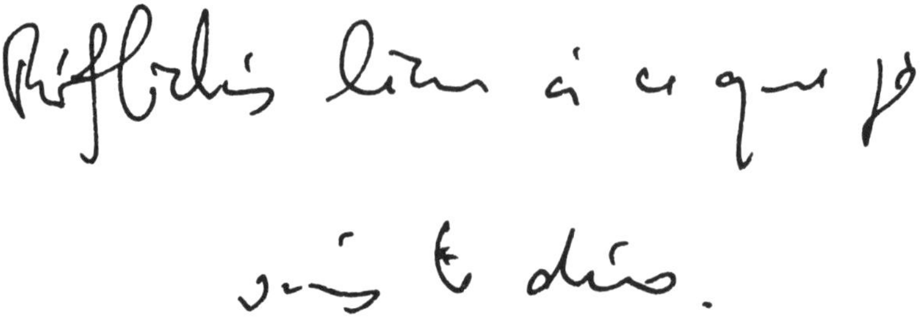

enchevêtrée: jambages tombants dans la ligne qui suit.
(Confusion d'esprit et de sentiments; besoin d'activité physique.)

filiforme: l'écriture est étirée et aplatie par endroits, comme un fil; en général à l'intérieur du mot. Le **m** et le **n**, comme nous l'avons déjà vu, se prêtent à ce traitement.
(À pression forte: diplomatie commerciale, vivacité, intelligence supérieure, réalisme;
à pression faible: dissimulation, hypocrisie, mensonge par peur, fourberie.)

floue: écriture à pression faible, lettres aux contours mal définis, manque de netteté de l'ensemble du graphisme.
(Relâchement des moeurs, fatigue, dépression, faiblesse générale.)

fuselée: traits à pression inégale dans la même lettre, qui provient d'un mouvement spasmodique.
(Gourmandise, sensualité exacerbée, obsession sexuelle.)

gladiolée: mot ou lettre qui diminue de hauteur.
(Fatigue suite au surmenage, épuisement; parfois débilité, paresse, lâcheté; faiblesse de caractère et parfois de la libido; finesse d'esprit, causticité.)

en guirlande: **n** et **m** renversés comme le **u.** (Amabilité.)

harmonieuse: écriture intelligente, bien disposée.

inharmonieuse: écriture inintelligente, sans culture.

inachevée: tracé incomplet de mots, lettres ou accents.
(Écriture harmonieuse et rapide: positif; dans un milieu inharmonieux: négatif car il y a fourberie, négligence, stupidité.)

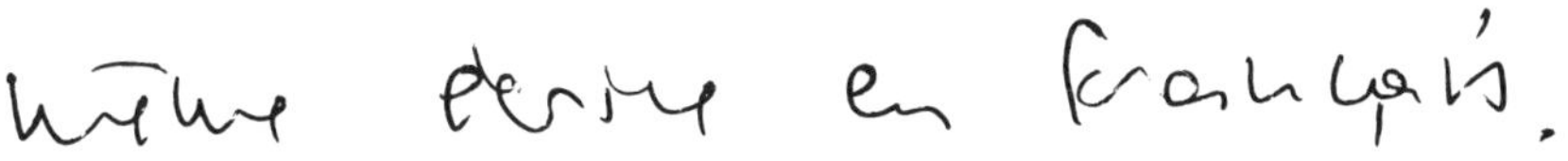

inhibée: arrêts brusques du mouvement, sans raison, trait excessivement petit et régressif ou sinistrogyre (tourné à gauche), geste hésitant, inachevé, lettres suspendues, massuées, retouchées. (Asthénie, complexes, névroses.)

Je tâcherai de vous joindre

jambages et hampes: zone inférieure et zone supérieure d'une lettre.
(Voir premier chapitre, VI. La Forme.)

jointoyée: voyelles fermées, lettres reliées entre elles.
(Esprit analytique, mémoire visuelle, bonne concentration.)

dernier avait battu un record du monde

juxtaposée: lettres séparées dans les mots.
(Graphisme harmonieux: grande intuition, mémoire auditive, recherche de clarté et de perfection, inhibitions, apathie; parfois dissimulation et fausseté, lorsque l'écriture est inharmonieuse.)

angoisse de l'interp
sera faite.

à toi. A bientôt

lancée: traits qui dépassent l'ensemble du graphisme. (Spontanéité, enthousiasme, crédulité, brutalité, impatience, esprit d'entreprise, imprudence; dans une écriture inharmonieuse: vanité, sottise.)

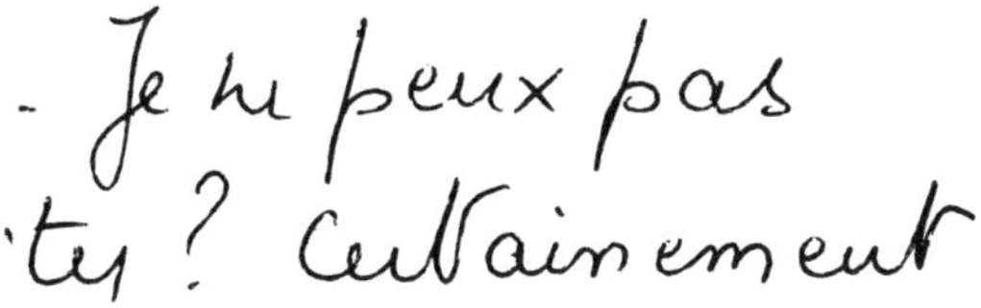

massuée: trait épais et lourd.
(Complexes, obsessions, rejet brutal de ses amis. Indique, selon Crépieux-Jamin, une faiblesse de caractère allant jusqu'à la débilité. Un trait massué isolé est moins péjoratif, il indique seulement une forte inhibition du sujet.)

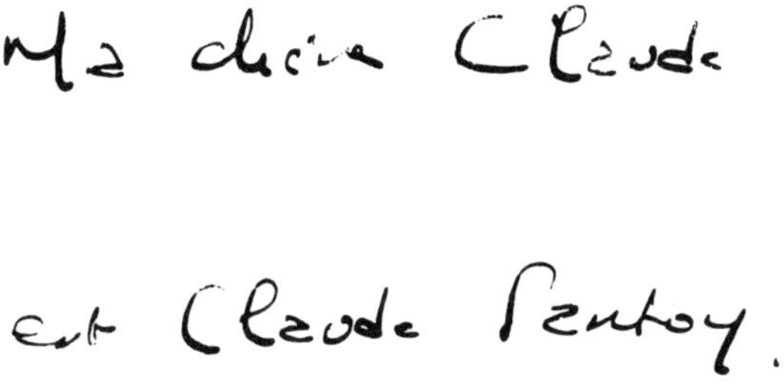

pâteuse: voyelles encrées; proche de la notion du trait boueux. (Santé défaillante, alcoolisme, asthénie, sensualité grossière, vulgarité, perversions, sénilité ou corps affaibli et usé de l'homme très âgé.)

ovalisée (voyelles). (Manque de sincérité, ambivalence.)

progressive (voir direction): trait dirigé vers la droite; excepté certains jambages et courbes de voyelles déjà vus.
(Caractère positif.)

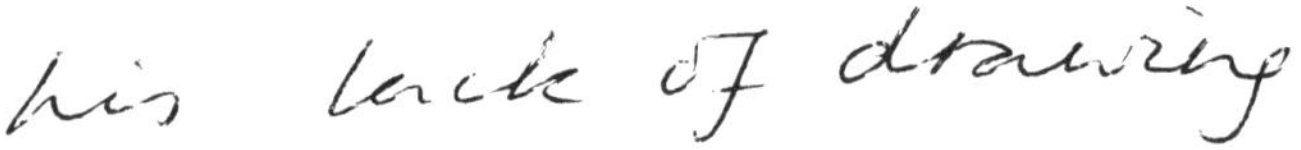

régressive (à rebours, renversée, sinistrogyre): trait dirigé vers la gauche; à l'exception des courbes de certains jambages et voyelles (voir 1er chap.).
(Aspect négatif, mensonge, capacités de concentration, égoïsme.)

retouchée: trait ou mot corrigé à bon escient ou à tort.
(Obsession perfectionniste, mensonge ou hypocrisie si les retouches sont nombreuses dans le même texte.)

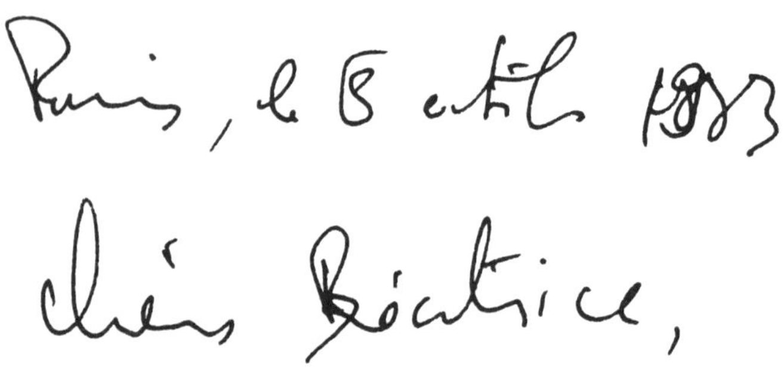

rythmée: l'écrit a un aspect cadencé, symétrique.
1.(Dans une écriture harmonieuse, lorsque le rythme n'est pas excessif, c'est une qualité qui souligne la clarté du message et de l'esprit de son auteur. 2. En revanche, si l'écriture est trop rythmée, nous tombons dans le graphisme monotone qui révèle la bêtise et toutes sortes d'inhibitions et de névroses obsessionnelles.)

1.

2.

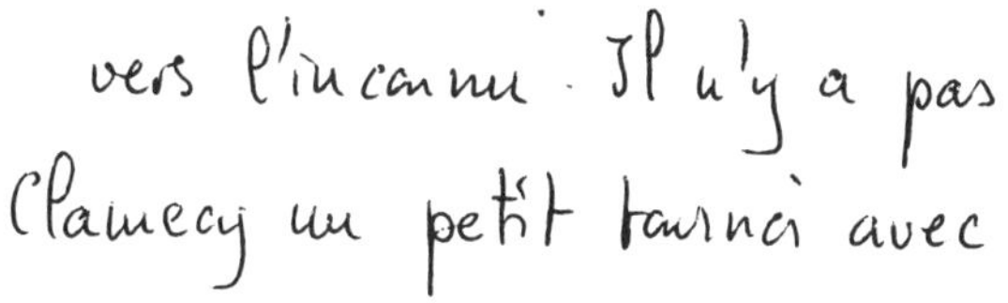

sinueuse: ligne de base de l'écriture qui ondule lorsque vous mettez une règle en-dessous.
(Sinuosité légère, à peine marquée: caractéristique positive, selon les autres signes, évidemment; sinuosité importante: négative. Elle désigne l'instabilité, à conditions que d'autres marques le confirment, l'insincérité, la diplomatie, le mensonge, parfois la névrose.)

surélevée: hampes et jambages prolongés, lancés.
(Ambitions et désirs; parfois insatisfactions professionnelles et sexuelles.)

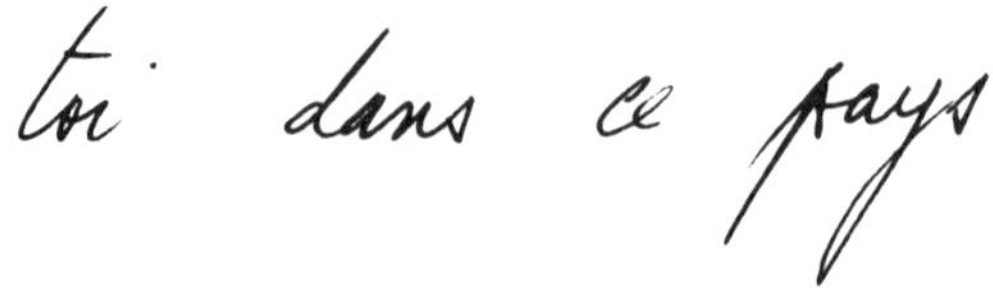

suspendue: partie d'une lettre qui ne touche pas la ligne de base.
(Inhibition, faiblesse, mensonge.)

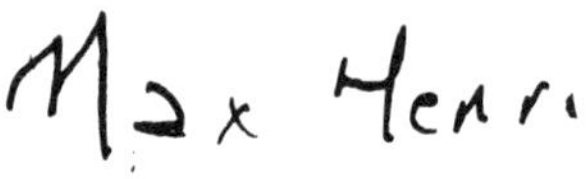

tordue: trait sinueux à l'intérieur de la lettre.
(Souffrance physique ou psychique, maladie, sénilité; manifestation passagère chez les adolescents, ambivalence sexuelle.)

à volutes: écriture à grandes courbes; à la mode dans les temps révolus, comme le **d** tourné à gauche.
(Aujourd'hui c'est une caractéristique négative: l'orgueil, la vanité, la passion, la jalousie, l'égoïsme, la stupidité, la susceptibilité.)

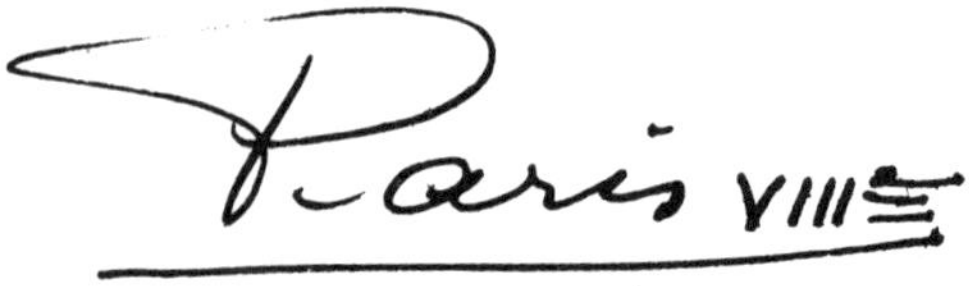

Remarque: Nous n'avons mentionné que les termes techniques difficiles à saisir dans ce glossaire. Vous trouverez les caractéristiques générales dans les autres sections (voir table des matières) et notamment dans les analyses pratiques et les tests qui vont suivre.

Utilisation du glossaire par les exercices pratiques

• Étudiante de 24 ans

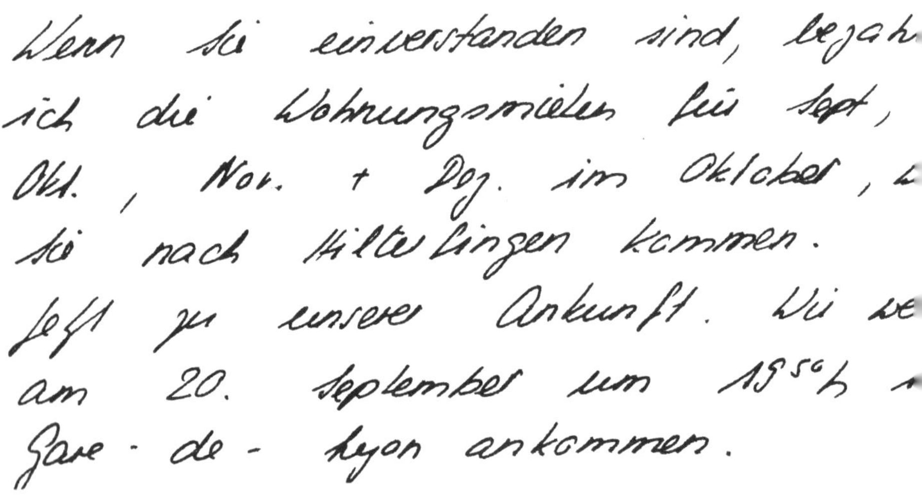

- marges, entames et finales absentes (ou entames acérées): égoïsme, sens critique;
- lignes droites: stoïcisme, principes, loyauté;
- espaces réguliers: logique;
- forme scolaire: manque de caractère, d'imagination, d'humour et d'intelligence;
- arcades: hypocrisie;
- crochets, traits couvrants: cupidité, amour de l'argent;
- lettres suspendues: diplomatie, mensonge;
- jambages et hampes atrophiés: envies sexuelles et ambitions intellectuelles limitées.

L'ensemble trop régulier et monotone révèle le blocage physique et psychique de cette jeune fille.

• **Commerçant de 45 ans,** peu d'instruction; en arrêt de travail depuis de nombreuses années pour raison de santé.

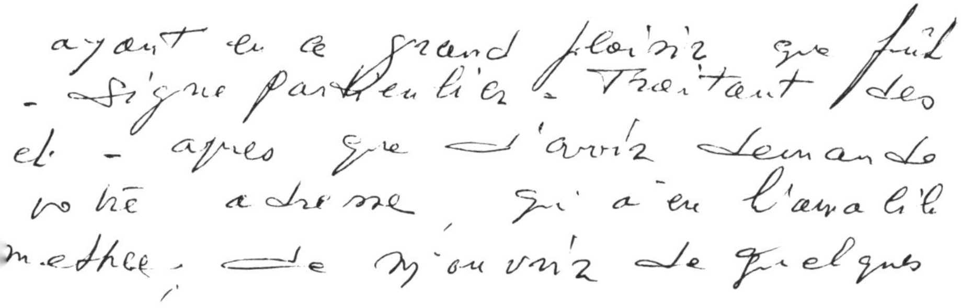

- marges absentes: égoïsme;
- lignes convexes, enchevêtrées: énergie qui se relâche avant la réalisation d'un projet; confusion de l'esprit;
- pression très faible: santé et libido en régression; manque de volonté;
- direction progressive: ambition, passion;
- traits ovalisés, plongeants et sinistrogyres: caractère factice, désirs chimériques à tendances ambivalentes; souffrances du passé mal acceptées. Troubles sexuels. Égoïsme, méchanceté;
- tracé rapide, artificiel, surélevé: manque de culture et d'intelligence, grande nervosité, impatience (voir les nombreuses fautes d'orthographe; voici une des rares écritures qui nécessite la lecture du contenu); vanité, mysticisme. Tendances schizoïdes. Malgré l'apparente humilité de ce graphisme, une explosion de cruauté et de violence est à craindre.

Il s'agit là d'un sujet psychiquement fragile.

Remarque: lorsque les jambages s'enchevêtrent dans les lignes suivantes dans une écriture à pression forte ou normale, cela signifie simplement que le sujet a besoin de mouvement et d'exercice physique. Dans une certaine mesure il manque aussi de culture, car il est évident qu'il ne sait pas ordonner son graphisme.

• **Industriel, 55 ans,** très cultivé et intelligent qui travaille malgré une paralysie partielle suite à un accident. Il se déplace en chaise roulante et réussit même à faire du bateau à voiles.

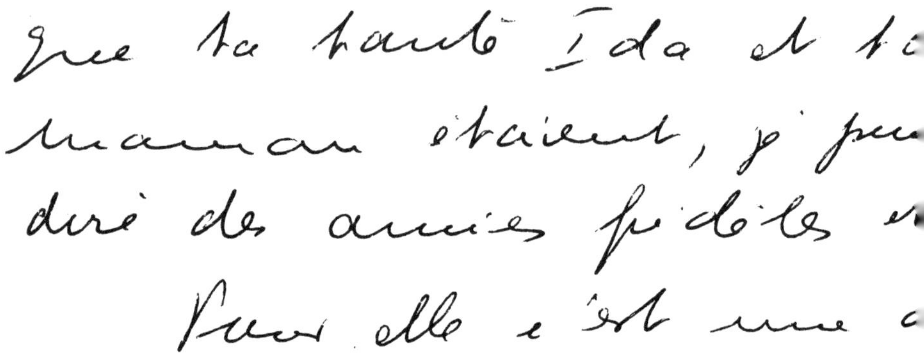

- marges normales: bon équilibre;
- lignes droites: sens du devoir; caractère entier, équitable, loyal;
- pression forte: libido, volonté et ambition très prononcées;
- écriture harmonieuse, rapide: intelligence, culture;
- juxtapositions et liaisons alternantes: esprit d'analyse et grande intuition;
- formes rondes en guirlandes: amabilité, générosité (entames et finales souples);
- espaces normaux: sens de l'organisation, générosité (selon les entames, finales et guirlandes);
- traits en lasso ouvert: esprit et humour.

Malgré l'absence des barres de **t**, le sujet fait preuve d'une volonté peu commune, comme nous le voyons à travers l'ensemble du graphisme (forte pression et régularité). C'est une écriture très positive.

Remarque: comme toujours, les qualités et les défauts qui ne sont pas mentionnés ne ressortent ni du graphisme ni de la personnalité du sujet. Ils sont pratiquement absents.

• **Jeune cadre de 28 ans,** études de gestion.

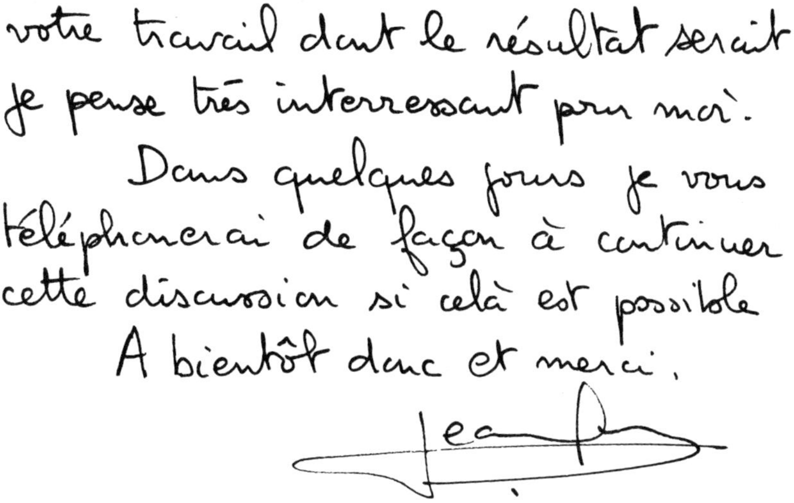
votre travail dont le résultat serait
je pense très interressant pour moi.
Dans quelques jours je vous
téléphonerai de façon à continuer
cette discussion si celà est possible
A bientôt donc et merci.

• marges régulières: loyauté, logique;
• lignes droites, légèrement sinueuses: bon équilibre psychique;
• inclinaison régressive: inhibitions qui proviennent du passé;
• pression forte: énergie, volonté;
• traits acérés: méchanceté;
• enroulements: égoïsme;
• lettres rondes, liaisons en guirlandes: amabilité intéressée (à cause des autres signes d'égoïsme);
• voyelles ouvertes: sujet extraverti (il souffre de contradiction car il existe des inhibitions instinctives);
• quelques entames acérées et un point superflu après la signature illisible: méfiance et sens critique;
• jambages et hampes équilibrés: sujet assez équilibré, aucune névrose latente mais absence d'imagination et de sentiment altruiste.

C'est le graphisme d'un jeune homme assez viril et égoïste qui a tout pour réussir en affaires.

Voici une autre manière de procéder; il existe un grand nombre de méthodes. Nous nous arrêterons à trois ou quatre dans ce manuel.

• **Américaine de 45 ans,** écrivaine publiée.

Loving the pines + the ocean
way too much good food!
I've quit my job teaching
+ when I get back 9,10 Ju
I'll call + we can get togeth
Are you writing away?
For me it's beginning to
come back again, happil
see you soon
Jeanie K

disposition: absence de marges et peu d'espaces; sens de l'économie, tendance avaricieuse (ce n'est qu'une tendance ici, car l'écriture est assez grande). En revanche, quelques jambages pendent dans les lignes inférieures,ce qui dénote d'une part un grand besoin d'activité physique et d'autre part une certaine confusion d'esprit et de sentiments;

direction: légèrement instable, traits régressifs; une certaine ambivalence sexuelle se dessine dans les jambages trop prononcés et trop variés. Les lignes sont sinueuses et souvent descendantes, ce qui montre l'instabilité et la dépression, entre autres;

rapidité: graphisme rapide, heurté, dû à une grande nervosité du sujet;

dimension: moyenne à grande; extraverti;

pression: forte; bonne santé, énergie, volonté;

forme: anguleuse, jambages prolongés, graphisme juxtaposé et lié, ponctuation précise, absence d'entames et de finales, enroulement des voyelles, traits couvrants, quelques crochets, prédominance des zones médiane et inférieure. Adresse, signature et missive semblables. Les majuscules sont trop petites par rapport aux minuscules.

On peut conclure que la jeune femme est très intelligente et cultivée, mais qu'elle souffre d'instabilité affective et sexuelle. Libido forte, dissimulation, matérialisme, attachement à l'argent, à la nourriture et aux plaisirs en général, esprit caustique, égoïsme caché, grande nervosité, activité et volonté normales, colère contrôlée, nature autoritaire qui ne se laisse pas influencer, sociabilité. Caractère compliqué, risques de névroses, sujet cyclothymique.

C'est un bon exemple d'écriture vigoureuse et de caractère volontaire malgré les barres de **t** plutôt fines.

B. Interaction de l'ensemble

Vous savez à présent reconnaître les principaux traits de caractère d'une écriture, du moins en théorie. La polyvalence des significations possibles ne vous a pas échappé. En effet, la forme d'une lettre ou d'un trait isolé ne veut rien dire en soi; il faut étudier tout le contexte dans lequel il se trouve. Pour saisir l'ensemble, cherchez à nuancer et à comparer vos résultats à l'aide d'exemples pratiques! Grâce à ces derniers, votre intuition «juste» se développera.

Autrefois les graphologues essayaient d'utiliser les types biologiques d'Hippocrate: sanguin, nerveux, bilieux, lymphatique. Le Senne reprit le même système en l'étoffant de huit autres types: colérique, passionné, nerveux, sentimental, sanguin, flegmatique, amorphe et apathique. Aussi attribua-t-il des lettres majuscules à chaque groupe, afin de pouvoir les mélanger, car il se rendit compte que le caractère d'un homme peut montrer plusieurs traits souvent opposés. Il nota par exemple un émotif, actif, passionné par,EAP, et le désigna sous l'adjectif de «colérique». Bien que de nombreux graphologues aient adopté dans une certaine mesure le système de Le Senne, nous ne le trouvons pas très utile pour l'interprétation graphologique. Il ne fait qu'ajouter à la confusion, de même qu'une classification trop rigoureuse en types psychologiques de Pensée, Sentiment, Sensation et Intuition, comme le préconisait A. Teillard. Sur un autre plan, les ouvrages de ce dernier auteur sont remarquables.

Si vous souhaitez progresser vite et sans trop d'efforts, il est préférable d'utiliser une méthode simple et personnelle. Choisissez de préférence, comme nous l'avons déjà dit, des lettres écrites par vos meilleurs amis dont vous connaissez le caractère, d'une part, et d'autre part les écritures de personnes que vous venez de rencontrer et pour lesquelles vous ressentez un vif intérêt. Il est plus stimulant de travailler sur de tels documents. Comparez leurs écritures à celles illustrées dans vos manuels de graphologie. Ce procédé par analogie vous facilitera la tâche.

Répétons: Le texte a peu d'intérêt. Néanmoins, il doit contenir des phrases simples, écrites spontanément.

Il est rare que le graphologue soit obligé de lire le contenu. C'est nécessaire si l'écriture montre trop de fautes d'orthographe ou de syntaxe avec des mots qui émergent et coupent le rythme du mouvement graphique, ce qui laisse supposer un dérangement mental, surtout lorsqu'il s'agit d'un professeur de lettres par exemple.

Chez les gauchers, il faut faire abstraction de l'inclinaison, ce qui limite quelque peu la précision de l'analyse.

L'expression d'un graphisme est plus intrinsèque que celle d'une communication orale. Le scripteur ne sait pas ce qu'il fait en écrivant. La perception des manifestations psychiques d'autrui est complexe. L'interprétation scientifique de l'écriture enlève le côté subjectif qui fausse souvent notre appréciation des gens qui nous entourent; d'autant plus que la morphologie du sujet ne correspond pas toujours à son psychisme. Peu importe les paroles et les sourires de votre candidat; en tant que graphologue potentiel et fort des connaissances acquises dans le premier chapitre, vous ne vous laisserez pas abuser et vous vous fierez davantage à l'écriture qu'à son aspect extérieur et ses allégations verbales. Testez vos progrès en analysant l'écriture de vos amis! N'hésitez pas à leur demander de soulever des critiques constructives. Peut-être risquez-vous de vous montrer trop brutal dans votre jugement. Il se peut que vous trouviez évident une qualité ou un défaut alors qu'il s'agit simplement d'une tendance latente, encore enfouie dans l'inconscient? Prenons, par exemple, l'écriture régressive; elle n'est jamais positive. Tôt ou tard le sujet finira par vous décevoir d'une manière ou d'une autre... c'est inéluctable! De même que lorsque vous découvrez cinq ou six différents signes de mensonge dans une écriture. Ces signes sont précis, il en existe treize. À partir de quatre ou cinq, les tendances à l'affabulation se transforment en mensonge évident qui peut aller jusqu'à la mythomanie à partir de six. (Voir troisième chapitre.)

Avant d'aborder les analyses pratiques, choisissez un document écrit récemment sur une feuille blanche sous forme de lettre, signée, avec l'adresse sur une enveloppe. Posez-les à côté de votre manuel avec une règle, une loupe et un rapporteur. S'il y a de la place sur votre document, vous y noterez directement vos appréciations. Avant de commencer l'analyse proprement dite, vous allez feuilleter notre ouvrage à la recherche d'une écriture semblable, afin d'avoir des indications globales sur le caractère de votre sujet. Bien entendu, il n'existe pas au monde deux écritures exactement identiques; comme chaque être humain est différent (même les jumeaux), son écriture l'est également. Seules des similitudes peuvent apparaître. Cependant, la perception de ces analogies vous aidera.

Lorsque vous aurez lu ce qui est relatif dans ces grands traits à l'écriture sélectionnée, vous reviendrez au début du manuel pour suivre pas à pas les indications: de la disposition jusqu'à la fin de l'alphabet en notant tout ce que vous trouvez sur votre document. Vous aurez deux colonnes très fournies. Une marquée «positif» l'autre «négatif». À la fin, il conviendra de réduire les appréciations et de faire une synthèse succincte des qualités et des défauts réels du sujet. Vous vous apercevrez alors que le portrait se révèle assez semblable à celui de l'auteur à l'écriture analogue du manuel, que vous avez étudiée au préalable.

Pour commencer, limitez-vous à des sujets intelligents et sains. Rien n'est plus difficile et long à analyser que des êtres névrosés, schizoïdes ou schizophrènes. Surtout s'ils sont supérieurement intelligents, comme nous le verrons plus loin.

Évidemment, quand vous serez plus avancé, l'étude de telles écritures, très complexes, peut vous faire progresser énormément.

L'utilisation du dessin

Dans la mesure où la morphologie, la chiromancie et l'astrologie ne peuvent venir à votre secours pour approfondir le sujet et vous sortir de la confusion, nous nous permettons de vous indiquer deux petits dessins qui se sont révélés complémentaires des analyses graphologiques. N'appartiennent-ils pas au graphisme proprement dit? En revanche, nous avons délibérément écarté les autres tests psychologiques comme ceux de l'arbre ou le test Rorschach de l'encre, à cause du flottement qui existe dans leur interprétation.

Rares sont les auteurs qui refusent de se plier à votre demande de dessiner quelques images simples sur une feuille séparée de leur lettre. D'abord ils doivent faire un serpent. Observez dans quel sens ils le tracent. Auparavant vous ne leur donnez, évidemment, aucune indication.

Comme vous vous en doutez, c'est le symbole de la sexualité. La signification du dessin viendra étayer vos appréciations graphologiques.

Le serpent

sexualité masculine normale
(forte libido)

à boucles
douces, ondulées

sexualité masculine moyenne

presque droit

sexualité masculine en régression
(libido faible)

en volutes tassées,
comprimées

sexualité masculine étouffée par
frustration; auto-érotisme
(libido très faible)

serpent aplati,
horizontalement

absence de sexualité et de désirs
(libido inexistante)

enroulement dense
autour de la tête qui monte

sexualité de l'introverti;
tendances homosexuelles
(libido fluctuante)

ondulation horizontale

sexualité féminine normale
(bonne libido)

Comme il y a dans chaque être des tendances masculines et féminines à différents degrés, un mélange de serpents peut apparaître. Ce sera à vous de faire la synthèse avec l'ensemble des autres signes qui indiquent la sexualité dans l'écriture du sujet. Il suffit de voir à quelle forme votre serpent s'apparente le plus.

Les six carrés

Tracez six carrés sur une feuille blanche! Numérotez-les! Appliquez les dessins ci-joints dessus! Le candidat devra les *compléter* en commençant impérativement par le numéro 1. Dans le numéro **2**, il mettra ce qu'il voudra. Il ne recevra aucune autre indication, mais pourra utiliser le temps qu'il voudra.

Voici comment le graphologue interprétera les petites oeuvres. Comme le serpent, elles lui serviront uniquement en tant qu'indications supplémentaires à son étude de base qui est l'écriture. N'oubliez pas que l'écriture est en soi bien plus révélatrice que les dessins.

Le numéro 1: il représente le **moi** par rapport à autrui.

Rien dans le cercle: l'extraverti fuyant dans le futur ou dans le passé.

Traits autour du cercle: la recherche de la communication.

Visage dans le cercle et rien autour: introspection, réflexions, concentration, solitude psychique.

Visage dans le cercle et traits autour: bon équilibre psychique.

Le numéro 2: c'est **l'imagination.**

Un dessin figuratif: l'ambition qui se réalise.

Un dessin abstrait: l'ambition placée trop haut, but chimérique, idéalisme, utopies, rêve.

Le numéro 3: il touche au sens de **l'organisation.**

Les carrés sont reliés, peu importe comment: le sujet sait organiser sa vie.

Les carrés sans lien: difficultés à s'organiser matériellement; attention, lorsque la volonté est forte (selon son écriture) le sujet y arrive quand même. De plus, le lien peut être abstrait.

Le numéro 4: la vie privée.

Les diagonales reliées, réellement ou abstraitement: attachements affectifs équilibrés.

Sans lien entre les deux traits: isolement affectif, solitude.

Symbole ou mot écrit entre les deux traits non reliés: espoir et désir d'amour ou d'amitié idéalisés, chimériques.

Le numéro 5: l'intuition.

Dessin figuratif: l'intuition est appliquée dans la vie.

Dessin abstrait: l'intuition reste repliée à l'intérieur du sujet; elle ne peut pas évoluer et se réaliser, ni dans la vie de tous les jours, ni dans une oeuvre créatrice.

Le numéro 6: la sexualité.

Les traits sont reliés réellement ou abstraitement: libido équilibrée.

Sans lien: libido en régression.

Il convient, bien entendu de nuancer vos appréciations selon l'écriture du candidat. Parfois des significations contradictoires peuvent surgir; il faudra alors faire un choix judicieux. En règle générale, la valeur du trait de l'écriture prime. Lorsque des mots écrits apparaissent dans un des carrés, vous avez affaire à un candidat cultivé et très intellectuel.

Dessins à compléter:

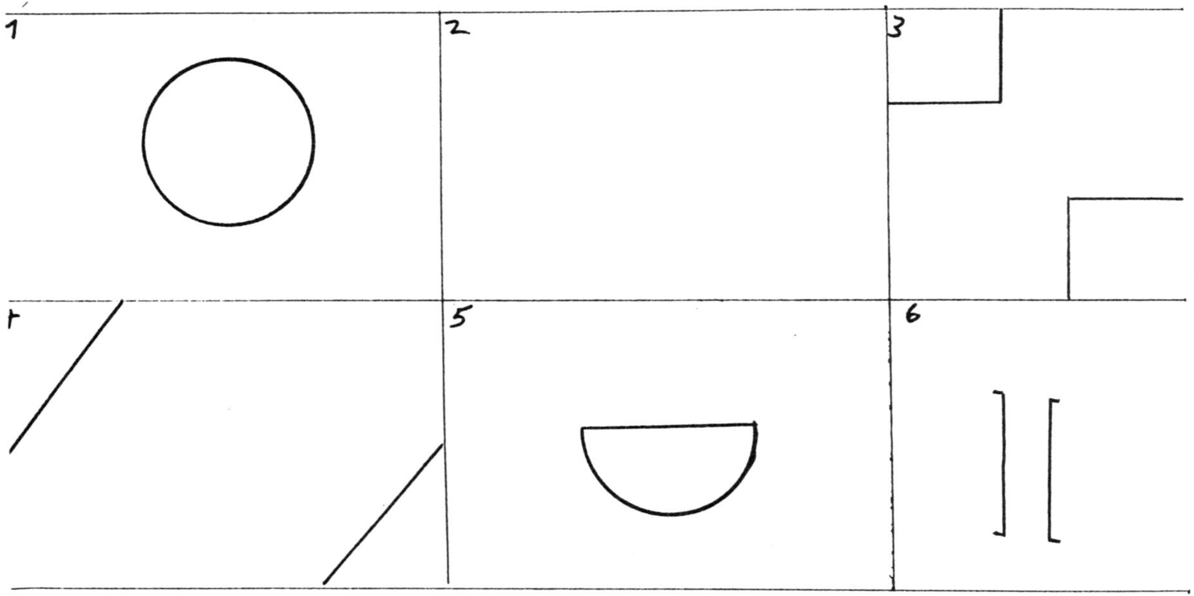

Ensemble, nous allons faire quelques exercices pratiques. Nous avons choisi quatre candidats d'une intelligence supérieure. Un écrivain, un peintre, un chirurgien et un libraire. Tous très cultivés et reconnus dans leur profession, ce qui ne veut pas dire qu'ils n'aient pas de problèmes. Curieusement, c'est le médecin qui a le plus d'imagination.

L'interprétation des dessins n'est jamais simple, pas plus que celle de l'écriture. De multiples expériences (plus de mille) nous ont cependant convaincus de l'utilité de ces dessins comme compléments. D'autre part les candidats semblent prendre un grand plaisir à les réaliser.

Ne perdez jamais de vue qu'il existe toujours une certaine ambivalence chez l'homme. Ne peut-il pas être un rêveur et en même temps avoir l'esprit pratique. Il arrive qu'il soit instable et perturbé psychiquement tout en étant capable d'exécuter un travail difficile; seuls son état d'âme et sa sexualité en souffriront.

Paris, 1.2.84

1.

Cher ami,
Comment
va?
Ici il fait
froid. Moins
25°. Je fais du
ski de fond
sur la Bal-
tique. C'est
vide, silencieux
et froid.
Amitiés
Béatrice

• Voici le graphisme d'une femme de 43 ans, écrivaine confirmée, sportive. La vie professionnelle, sociale et intime se confondent en l'occurrence. Bien qu'excessive en dimension (disposition, direction, et de pression inégale), ce n'est pas l'écriture d'une névrosée. Ces excès sont la rançon de la créativité, comme nous l'avons déjà vu.

Esprit tenace, analytique et intuitif. Ambition démesurée, insatisfaite sur tous les plans. Contradictions entre l'attachement à la société et le besoin d'isolement complet. Prodigalité, amour du luxe et des plaisirs alternant avec un stoïcisme et un ascétisme presque masochistes. Nature extravertie, ouverte, crédule, passionnée. Sens de l'organisation, esprit clair, généreux. Sens de l'humour. Enthousiasme. Bonne santé physique et psychique. Sexualité quelque peu exacerbée par un idéalisme trop prononcé à la recherche de l'amour absolu. Fiabilité, honnêteté, droiture. La simplicité de ce graphisme n'est qu'apparente. Les excès soulignent combien le sujet est exaspéré par ses propres aspirations.

Le serpent montre une libido (sexualité et volonté) plutôt masculine, teintée de frustrations.

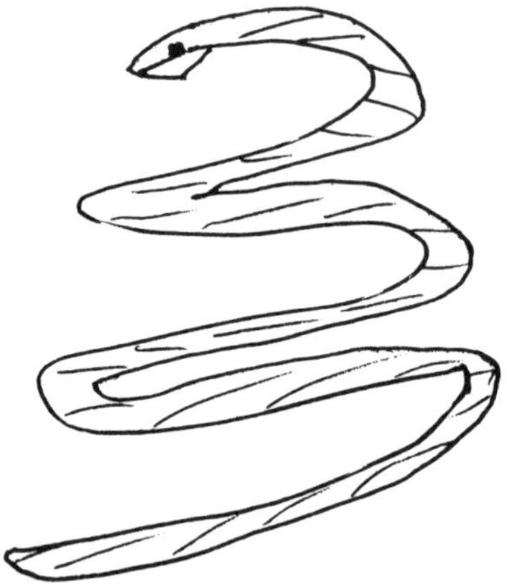

Quant aux autres dessins:

1) Introspection douloureuse, mais attachement sentimental aux autres personnes.
2) Sens des réalités, nature proche de la vie.
3) Sens de l'organisation.
4) Passion abstraite, illusions.
5) Grande intuition et imagination créatrice.
6) Sexualité normale.

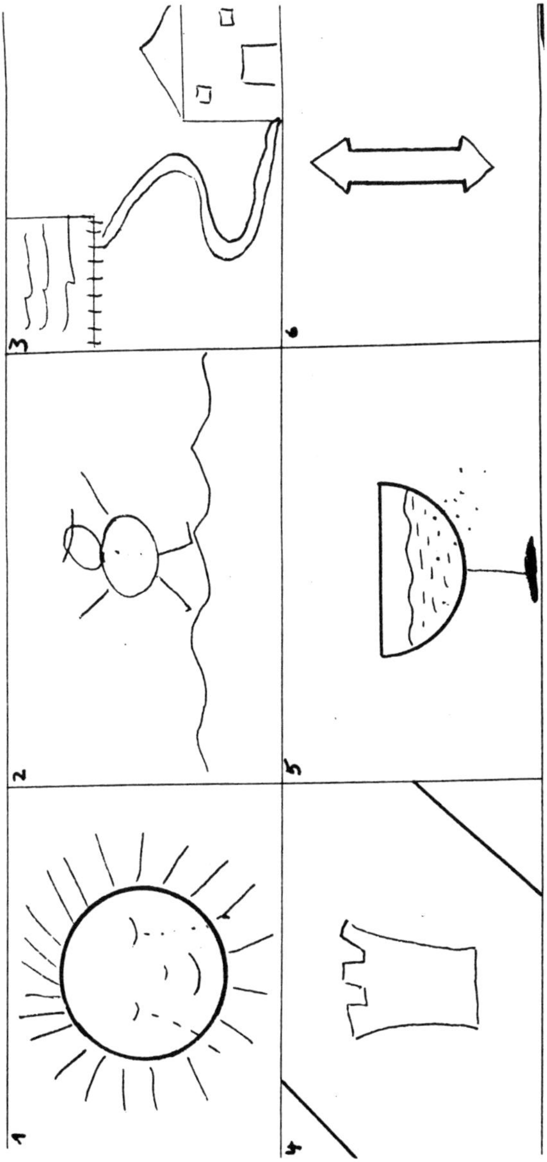
1
2
3
4
5
6

2.

My sister has handed your book to the relevant people at Hutchinson.

Meanwhile I enclose an article on chess which might be of interest to you.

Best wishes

[illegible] -

• Femme de 40 ans, artiste peintre de talent.

La dimension excessive de même que le prolongement des jambages et des hampes nous montrent les ambitions artistiques de l'auteur; très grande vitalité. Une personnalité forte, qui sait ce qu'elle veut; intelligente, cultivée, sociable, mais attachée à sa liberté. Hédoniste. Imagination fertile; sens critique, un peu méfiante. Diplomate. Esprit caustique. Matérialiste. Nature envahissante, prodigue. Cette artiste oscille entre la générosité et l'avarice, la gentillesse et la méchanceté. Elle a une sexualité quelque peu masculine qui s'extériorise dans son oeuvre, (voir son serpent).

Quant aux six dessins:

1) L'introspection de son âme rejaillit avec bonheur sur le monde.
2) Ce tableau abstrait représente quelque chose de réel pour elle, ce qui signifie qu'elle est attachée à la vie.
3) Les carrés sont reliés, elle a le sens de l'organisation.
4) Elle a ombré les diagonales; dans son esprit d'artiste, elles sont ainsi reliées, preuve de ses capacités d'éprouver de l'amour.
5) Son intuition débouche sur une création véritable.
6) Les deux visages représentent sa sexualité chimérique, trop intellectualisée (ici il y a contradiction avec son serpent; chez les artistes comme chez les névrosés, les contradictions et les contrastes sont fréquents).

Remarque: l'interprétation des dessins, tout comme celle de l'écriture, n'est pas simple. Il faut savoir nuancer. Souvent, plus les traits sont petits, plus leur signification est importante, surtout chez les sujets cultivés à l'intelligence supérieure. C'est le cas pour les inégalités du tracé, par exemple, le tremblement, les retouches et les interprétations.

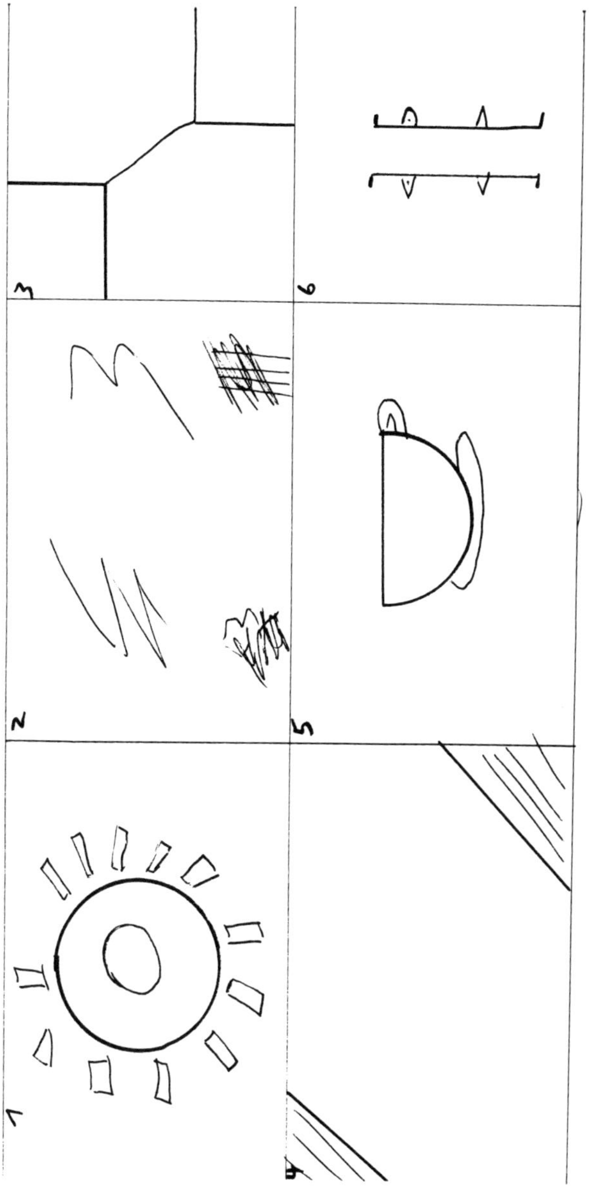
1
2
3
4
5
6

3.

Jason la possibilité de vendre a Castro des boules de gomme comme nous l'avions prévu. Il n'en reste pas moins que les pourparlers sont en cours en ce qui concerne les malabars

Bien à vous.

• Vous connaissez déjà l'écriture de ce chirurgien doté d'une intelligence supérieure peu commune, intuitive et analytique, non dénué d'imagination créative et d'humour. Ajoutons l'amabilité naturelle et la générosité, sans oublier la grande culture générale et les ambitions intellectuelles du sujet et vous vous dites qu'il est difficile de trouver davantage de qualités positives dans une seule écriture. Malheureusement, ce tableau idyllique est assombri par l'état psychique névrosé du docteur en question. L'asthénie maniaco-dépressive se manifeste par les inégalités multiples, les lignes et les finales descendantes après un parcours sinueux, la faiblesse de la pression et les lettres inachevées et suspendues entre autres. La fabulation par peur et l'angoisse, devant les décisions à prendre, témoignent de la fuite éperdue devant la vie, tantôt dans le futur, tantôt vers les réminiscences lointaines. Le prolongement des hampes et des jambages révèle les ambitions et les passions; ces dernières restent à l'état de désirs, car elles ne sont soutenues par aucune volonté réelle. Bien que la sexualité soit normale, la libido (qui inclut la volonté) est faible, comme le prouve le serpent.

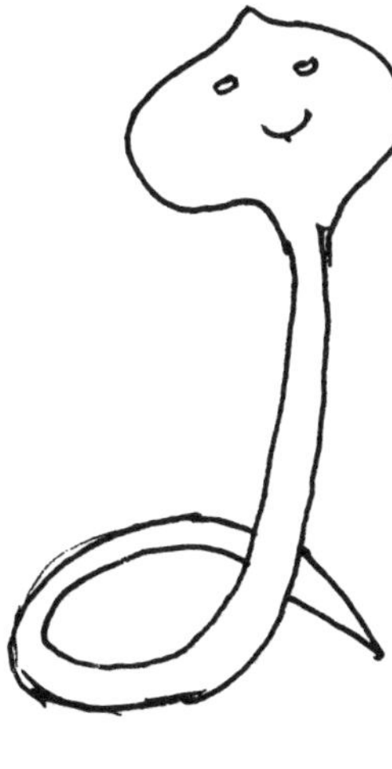

Les dessins:

1) Le visage, c'est l'introspection. Les oreilles signifient que l'auteur écoute et observe le monde extérieur sans communiquer avec lui.
2) La flèche illustre les ambitions chimériques, éloignées de toute réalité. Fuite dans le rêve.
3) Les carrés sont reliés. Le sujet a le sens de l'organisation.
4) Les diagonales ne sont pas mises en contact. Le désir d'amour reste utopique. (L'isolement.)
5) L'intuition est grande, mais détournée volontairement du monde.
6) La sexualité est normale. Néanmoins,il est facile de comprendre qu'elle aura du mal à s'épanouir dans un milieu aussi introverti et tourné vers l'abstraction.

Visiblement, la profession médicale ne suffit pas pour guérir le sujet. En revanche, ses dons intellectuels pourraient lui permettre de trouver une certaine stabilité dans les écritures.

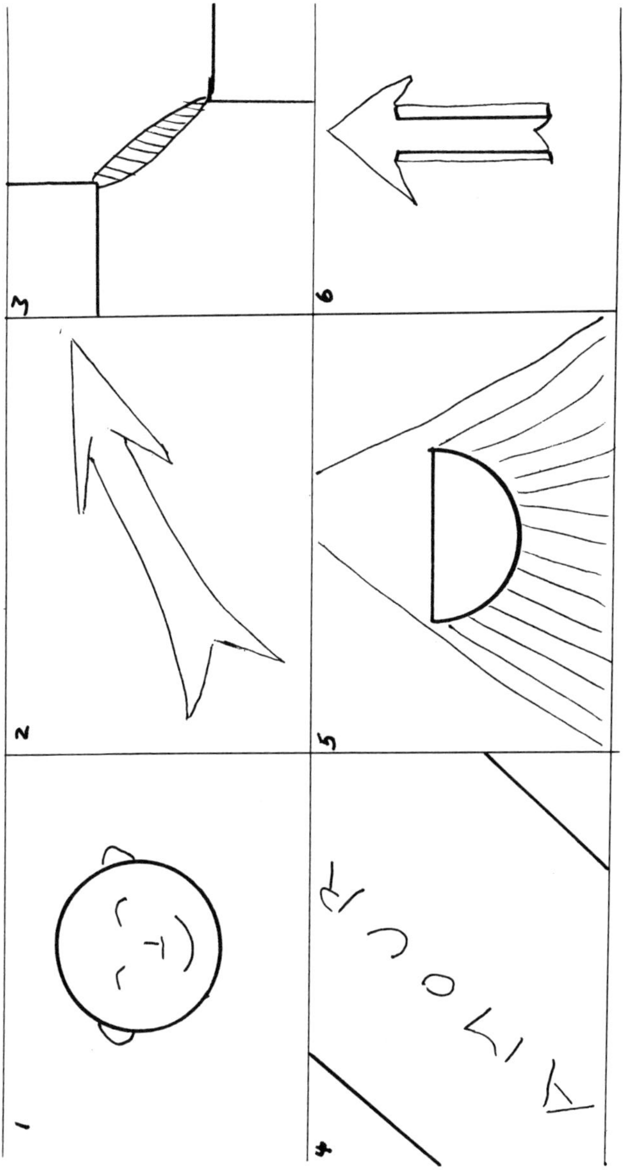

4.

Paris 6 VII 83

Dear Claude,

Here I am sitting at the desk at Shakespeare, around the corner from in the rue St-Jacques. I have nothing but complications ahead to resolve, but feel up to them — in fine form, in fact, to make this move.

Elliot Klein

• Libraire, 35 ans, de nationalité américaine.

Santé: robuste, bonne vitalité.

Profession: énergie, capacités commerciales, ambitions réalistes, esprit de décision, grande ténacité et persévérance, autorité; le sujet sait être diplomate en affaires, sociable; doté d'une force de travail peu commune, il arrive à organiser ses tâches avec efficacité, même celles qui le rebutent; effort pour contrôler ses émotions et ses comportements. Les pronostics concernant le succès professionnel sont excellents; nature fiable, honnête; ponctualité.

Vie sociale: bonnes relations sociales; le sujet est attaché à ses amis, il a besoin d'être entouré; bien qu'il aime la liberté, elle lui pèse. Extraverti, volubile et aimable en compagnie, il sait s'adapter aux circonstances. Là aussi, il s'efforce de cacher son agressivité naturelle qui est toujours sous-jacente. Esprit de contradiction. Entêtement.

Caractère: personnalité forte, volontaire, autoritaire; le sujet est intelligent, cultivé,optimiste et enthousiaste, parfois même assez crédule; esprit analytique et intuitif; cherche à réussir sa vie sur tous les plans; lorsque les choses ne se déroulent pas comme il le souhaite, le sujet peut dissimuler ses problèmes personnels. Il existe des contradictions entre ses buts commerciaux et réalistes, et ses rêves idéalistes, utopiques. La libido est normale, virile, malgré les insatisfactions sexuelles évidentes. Les besoins d'affection semblent plus importants que ceux qui touchent la sexualité pure, comme c'est souvent le cas chez les intellectuels. Une autre contradiction se montre dans les accès de prodigalité qui alternent avec le sens de l'économie du candidat, de même que la générosité et l'avarice. Aussi est-il assez égoïste, du genre «moi d'abord». Hédoniste. Peu influençable. Passionné. Pragmatique. Sujet équilibré, aucune tendance névrotique.

Interprétation des dessins:
1) Communication avec le monde satisfaisante.
2) Buts concrets.
3) Bien que ce dessin soit abstrait, la forte volonté du sujet permet une bonne organisation professionnelle.
4) Vie affective satisfaisante.
5) Peu d'imagination et d'intuition.
6) Sexualité moyenne.

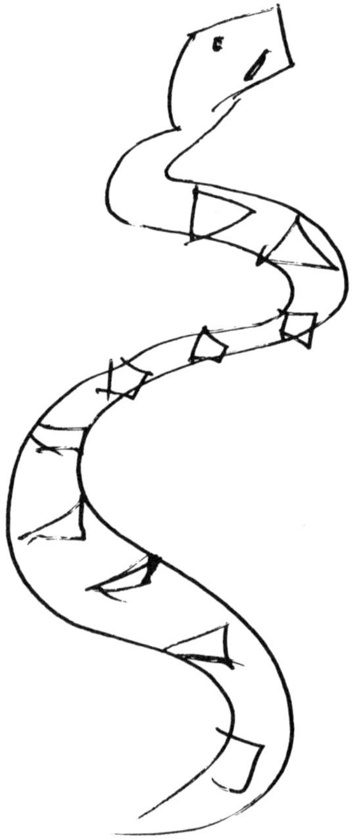

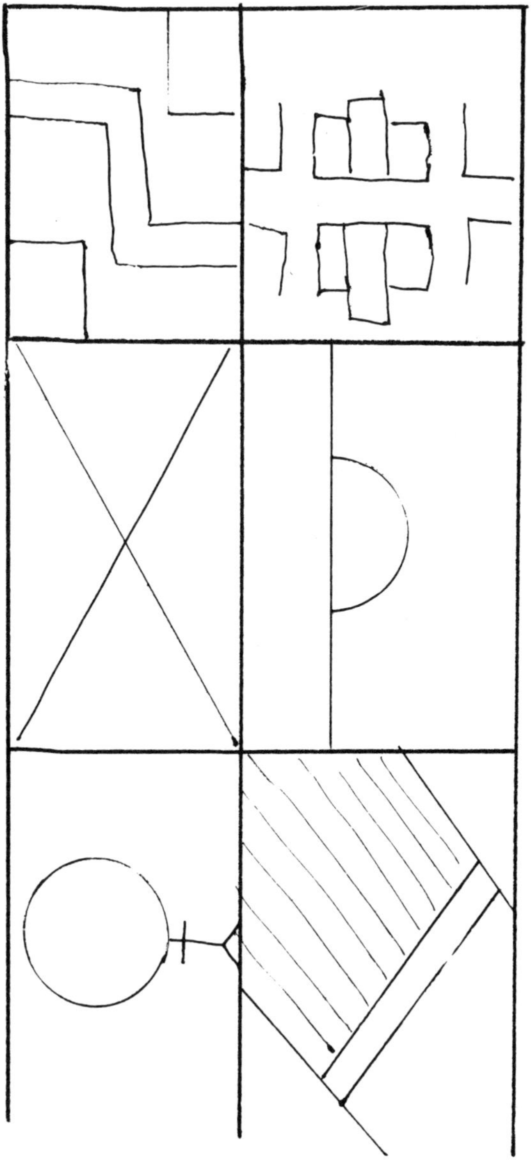

C. Application générale

Lorsqu'une caractéristique, confirmée par de nombreux signes ressort d'un graphisme, on peut supposer que la personne étudiée possède ce trait de caractère d'une manière plus prononcée que la majorité des gens. Reprenons le mensonge. Chacun est amené à dire des choses plus ou moins exactes dans la journée, même l'homme qui passe pour honnête. Il est probable que son écriture ne révèlera aucun trait de malhonnêteté. Par contre, si de nombreux signes apparaissent, c'est qu'il ment sciemment, soit par peur, par faiblesse ou par intérêt et fourberie. La même chose s'applique aux qualités. Le petit trait ondulé montant, par exemple, qui désigne le sens de l'humour, n'est visible que quand le sujet prend une part active à l'expression humoristique, soit en faisant des blagues et des farces, soit en amusant constamment son auditoire avec des calembours ou des mots d'esprit. Cependant, l'absence de ce signe n'implique pas que l'auteur n'ait aucun sens de l'humour. Seul le reste du milieu graphique pourra nous renseigner. Il est important de saisir ces subtilités, ne serait-ce que pour être capable de tenir tête à vos détracteurs. En effet, aujourd'hui encore, nombreux sont les individus qui refusent de croire en l'exactitude scientifique de la graphologie. Même quand vous faites leur analyse et qu'elle s'avère juste, ils cherchent à dénigrer vos constatations en disant: «mais cette tendance existe chez tout le monde»! Erreur! Ajoutons que le caractère d'un être humain est très complexe et souvent ambivalent. Ainsi, le graphologue doit se montrer très prudent; ce n'est pas parce qu'aucun trait significatif n'indique la créativité ou l'imagination, par exemple, que le sujet est dénué de talents. Ces traits ne ressortent que si ces qualités dépassent largement les normes habituelles contenues dans ces notions. Il suffit de savoir que l'imagination et la créativité sans la volonté ne peuvent pas se réaliser; tandis que ces deux qualités en quantité moindre, mais jointes à une forte volonté et à la ténacité peuvent évoluer et produire des chefs-d'oeuvre. Bref, dans une analyse, il est en général inutile de mentionner les défauts ou les qualités qui ne sont pas saillants.

Exercices progressifs

• Espagnol de 24 ans, de famille aisée, études hétéroclites. Une écriture à faible pression, plutôt lente, à formes rondes et molles; bien que la ligne de base soit très légèrement sinueuse, les signes de dissimulation ou de mensonge sont absents; nous pouvons conclure à une nature assez ouverte, simple et un peu paresseuse. La libido est insuffisante (jambages courts et pression peu prononcée; barres de **t** lancées, sans force réelle). De caractère peu évolué (formes scolaires), le sujet n'est pas dévoré d'ambition. Il est plutôt velléitaire. Les quelques boucles et enroulements proviennent de l'égoïsme propre aux enfants trop gâtés. C'est le type même du «gentil garçon».

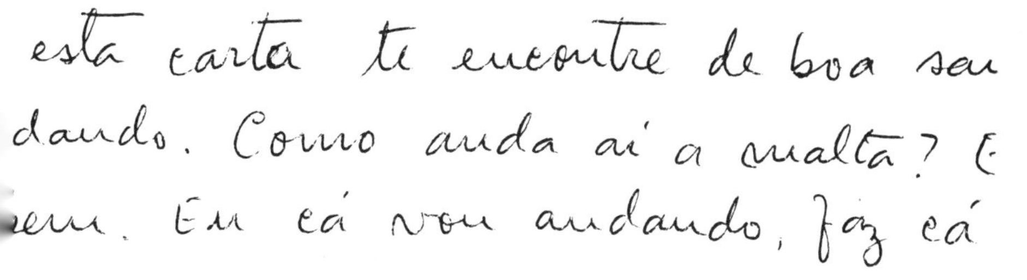

• Voici le spécimen d'un jeune homme de 28 ans, représentant très doué; malgré l'absence de culture générale, il gagne bien sa vie. Dans l'ensemble, ses lignes sont peu sinueuses. Son caractère est ouvert et honnête. Ses ambitions (bonne pression) sont essentiellement matérielles (prépondérance de la zone médiane), aussi aime-t-il l'argent et les plaisirs qu'il procure, (rondeurs, enroulements, crochets et petites courbes sinistrogyres; prenez une loupe!). Très égoïste. S'il est affectueux, il a cependant des problèmes sexuels (inégalité des jambages et contorsions de ces derniers, ovalisation). Ambivalences et tendances homosexuelles (le sujet a avoué ses expériences).

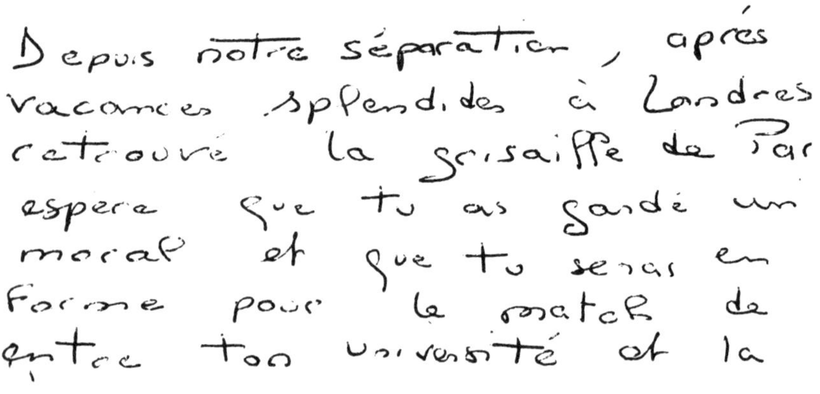

• C'est le graphisme du directeur d'une petite banque. Il a 42 ans et est issu d'une famille bourgeoise, il a acquis très tôt le sens de l'économie poussée jusqu'à l'avarice maladive. Malgré ses revenus élevés, il vit dans un petit logement et refuse évidemment de se marier. Vous constatez l'absence d'entames, de finales ainsi que le trait anguleux. Lorsque les entames existent, elles sont acérées (le sens critique). La pression est forte et les jambages sont normaux (libido équilibrée). Les barres de **t** tombantes et gladiolées montrent que le sujet est autoritaire. La sinuosité des lignes et les crochets dévoilent également le sens de la diplomatie et l'amour de l'argent, de même que l'espace réduit entre les lettres, les mots et les lignes. L'écriture liée et bien proportionnée dénote une certaine intelligence et un esprit analytique. C'est un homme en qui on peut avoir confiance, honnête et travailleur. L'inclinaison, légèrement régressive, provient visiblement de ses inhibitions et de son attachement maladif aux biens matériels qui l'empêchent de réaliser ses ambitions. L'ensemble du graphisme désigne le pragmatisme équilibré et en bonne santé (régularité).

Une femme serait difficilement heureuse avec cet homme égoïste et mesquin. Son absence d'humour, d'imagination et de chaleur humaine risquent de la faire souffrir; à moins qu'elle n'ait un besoin de sécurité absolu, comme lui! Le cas typique d'un homme souffrant d'un complexe d'infériorité. Libido normale.

Comme les deux spécimens précédents, ce n'est pas une écriture très difficile à analyser. Ce genre d'analyse s'applique à un but personnel. Quand elle sera destinée à une entreprise pour une embauche, vous vous astreindrez à faire quatre colonnes: la santé, le caractère, les aptitudes professionnelles, les conclusions générales, selon le poste à pourvoir. Ce dernier vous sera indiqué, de même que le sexe et l'âge du candidat.

Le mois de Mai à Paris s'écoule dans
n griseille. Seules les nouvelles manifestations
s étudiants donnent un peu d'animation
la vie parisienne. C'est un peu Mai 68
vec moins d'ampleur et surtout le soleil
n moins.

• Après ces trois exercices préliminaires et progressifs, vous allez vous mettre à la place d'un chef du personnel d'un grand hôpital qui cherche à pourvoir le poste d'un dermatologue pour lequel il a reçu pléthore de candidatures. Le graphologue avec qui ce chef de service travaille a arrêté son choix sur le médecin suivant: une jeune femme de 32 ans, mariée. Voici son écriture provenant d'une lettre amicale choisie à bon escient; en effet, son graphisme ne changeait nullement d'un document à l'autre.

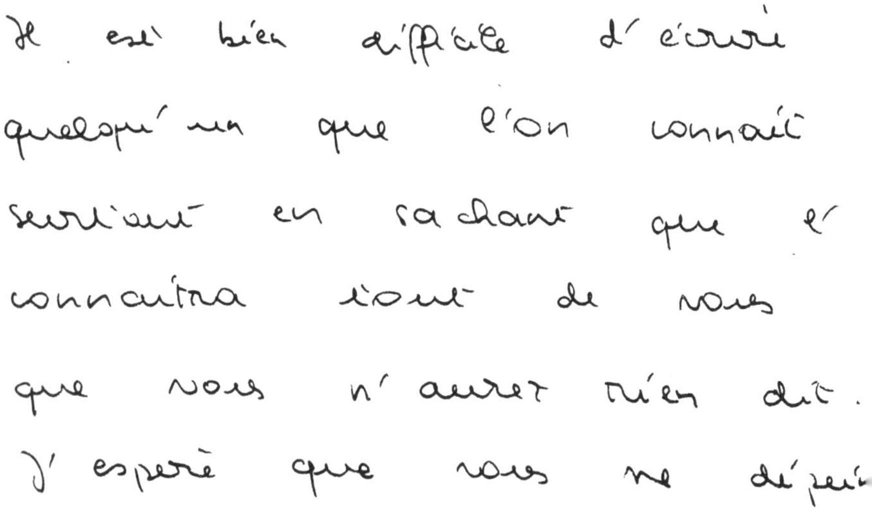
Il est bien difficile d'écrire
quelqu'un que l'on connaît
surtout en sachant que l'
connaîtra tout de vous
que vous n'aurez rien dit.
J'espère que vous ne dé...

La disposition: claire, marge gauche, supérieure et inférieure régulières; espaces normaux entre les lignes, larges entre les mots;

la direction: très légèrement renversée vers la gauche, lignes droites (sans excès);

la rapidité: normale, régulière;

la dimension: normale, régulière;

la pression: bonne;

la forme: prédominance de lettres et de liaisons arrondies, signature à droite, semblable à l'écriture; ponctuation, jambages et hampes normaux.

Signification: (concernant le sujet).

Santé: robuste;

caractère: intelligent, cultivé, équilibré, esprit analytique, honnête, gai, sociable, affectueux, libido normale, gourmand, prudent, indépendant, sincère;

aptitudes professionnelles: sujet ponctuel, sérieux, bonne concentration, vivacité d'esprit, compréhension rapide; entreprenant et courageux, caractère stable;

conclusion: le sujet travaille bien en équipe selon un horaire régulier dans un cadre établi. Ses qualités en font un candidat de choix.

Although we doubt we will get to France in the near future, enclosed is a picture so you can

• Femme mariée, 53 ans, boulimique (trait rond, gras, légèrement sinistrogyre, prédominance de la zone médiane, jambages tombants dans la ligne en dessous). Ce n'est pas une intellectuelle. Elle préfère l'action à la réflexion. Sa ténacité se montre dans les **t** fermés en lassos anguleux. Quelques entames en traits aigus dénotent son esprit critique. La pression indique une bonne santé. Les rondeurs et les liaisons des lettres révèlent son attachement à la famille et aux amis, sa bonté et son besoin d'affection (ces signes, accouplés aux jambages plongeants en boucles souples, désignent la sensualité et la sexualité très prononcées du sujet). Caractère ouvert, altruiste, équilibré et simple.

Si vous vous trouvez en possession d'écritures très complexe – cela se produit en général quand le sujet est particulièrement intelligent ou névrosé, si ce n'est les deux – vous pouvez établir deux colonnes: qualités, défauts. Ensuite il conviendra de faire la synthèse pour avoir une image exacte de l'auteur. Aussi sera-t-il nécessaire de nuancer le «verdict» lors de la confrontation, comme nous l'avons déjà dit dans le premier chapitre. À un homme coléreux et susceptible, par exemple vous annoncerez: «Par moments vous semblez emporté par votre tempérament. Vous êtes très sensible et nerveux.» À un homosexuel inhibé et complexé, vous parlerez simplement de tendances ambivalentes. D'ailleurs, le mot «tendance» s'avère très utile pour de telles anesthésies. En effet, le sujet fragile, névrosé ou schizophrène ne peut pas absorber la vérité autrement. Vous serez seul à savoir qu'en graphologie «tendance» signifie déjà «réalité».

ses, lire beaucoup, sortir
'e nouvelles rencontres.
ris et je me sens quelque
sans lui. C'est pourquoi
cts sans doute nécessaires
dans une totale solitude
ont me sortir de ma
uie d'écrire, tu sais
'est qu'une ébauche

• Jeune femme de 27 ans, directrice d'un salon de thé où elle fait d'excellentes pâtisseries. Très belle. Son écriture est liée, ronde, à angles régressifs, au tracé tordu, surélevé, enroulé, acéré, lié (sauf le **d** qui est disjoint); lignes sinueuses et peu espacées. Quelques traits couvrants et exagérations. Arcades. Pression forte et barres de **t** vigoureuses, parfois en courbe tombante. Zone médiane prédominante. Direction: droite à sinistrogyre. Absence de marges.

Qualités: sujet sociable, aimable, affectueux, joyeux; capacités manuelles, vivacité d'esprit, imagination, ambitions, sens critique et de l'observation, mémoire visuelle, activité, sensualité, énergie, appréciation des plaisirs.

Défauts: sujet matérialiste; attachement à l'argent, besoin de sécurité, égoïste, plus affectueux que sexuel, vaniteux, autoritaire, jaloux, coléreux, nerveux, paresse intellectuelle, contrastes entre la bonté et l'avarice, tendance à la névrose hystérique, souffrances morales, angoisses, dissimulation. Dépressions. Nature très instable. Le sujet est incapable de vivre seul.

Cette jolie jeune femme a été en analyse psychiatrique pendant plusieurs années après deux tentatives de suicide. Elle n'est attirée que par des hommes âgés.

say good bye to you before he
nice then I have been ill, so not

to England in a couple of weeks
all the summer. If you could
invite time, preferably next week
up & about, I shall come to return
say goodbye. In the meantime
well. God bless, affectionately,
Patricia

• Jeune femme de 27 ans qui travaille de temps à autres comme secrétaire, vendeuse ou professeur d'anglais en attendant de trouver un mari pour avoir des enfants. Son écriture est lisible, ronde et peu espacée. Les jambages ont même tendance à pendre dans la ligne suivante. La zone médiane prédomine. Les guirlandes se transforment par moments en tracé filiforme. Les petits traits verticaux du **m** et du **n** n'ont pas toujours un nombre bien défini. Les enroulements sinistrogyres sont fréquents de même que les traits couvrants et tordus. L'inclinaison du graphisme est fluctuante; la ligne de base est droite à sinueuse. Certaines lettres sont suspendues. L'ensemble est lié et la pression assez forte. Notez les retouches et les angles acérés. Écriture rapide, harmonieuse, gladiolée.

Qualités: sujet intelligent, cultivé, sociable, équilibré, affectueux, esprit analytique, pragmatique, réaliste; capacités manuelles et intellectuelles; santé robuste; sensualité. Libido et volonté satisfaisantes; dons pour le commerce et les affaires; diplomate.

Défauts: narcissisme, égoïsme, amabilité intéressée, dissimulation, mensonge, rancune, caractère envieux, jaloux, autoritaire, cupide. Inhibitions complexes, souffrances psychiques qui proviennent du passé; recherche de sécurité, tendances dépressives et pessimistes. Instabilité sentimentale; duplicité.

Cette jeune femme douce manque de spontanéité. Elle n'est pas heureuse.

Depuis quelques jours, nous avons
livres sur livres – le climat ne
pas au beau et il faut bien
trouver une occupation – Louches
est il aussi dans les images

Notre "pet" se porte bien –
chatte fétiche nous observe, en

• Homme de 33 ans, vétérinaire; écriture légère, assez droite, liée, rapide, ronde et anguleuse, bien proportionnée et disposée, harmonieuse, quelques traits sinistrogyres. Légère sinuosité des lignes. Pression régulière.

Qualités: bonne santé physique et psychique. Intelligent, instruit, ambitieux, attaché à son travail plus qu'à l'argent, généreux, fidèle à la famille et aux amis, esprit analytique, grandes capacités d'observation, mémoire visuelle, sociable, honnête, prudent, diplomate, sens critique, manuel et intellectuel, stabilité de caractère et aptitude à organiser sa vie. Libido forte (malgré les barres de **t** variables). Persévérance. Sujet équilibré et extraverti.

Défauts: manque d'intuition, autoritaire, parfois despotique, assez égoïste, peut mentir par dissimulation, rancunier, très nerveux; aucune imagination, absence du sens de l'humour et d'affectivité, le sujet n'est pas psychologue et ignore tout des arts. Sa conception du monde est limitée. C'est le technocrate pur et dur.

Chère Mme Santoy,

ne devons en fait pas parler des mêmes

pas sur les trois premières ; si cela

satisfaction de clamer à tout ven

, eh bien, grand bien vous fasse !

le monde. Ce n'est d'ailleurs p

Ce qui m'intéresse, c'est la

si je me souviens bien, que v

teriez qu'elle était nulle. D

• Polytechnicien de 23 ans, surdoué; écriture harmonieuse, rapide, bien disposée, droite, lisible, à pression égale; lignes sinueuses, lettres suspendues, retouchées, traits couvrants et fragmentés, mouvements sinistrogyres et voyelles boueuses, mélange de rondeurs et d'angles, quelques arcades et fioritures. Absence d'entames, de finales et de marges.

Qualités: intelligence, culture, compréhension rapide, esprit analytique et intuitif, imagination, grande capacité de travail et de concentration, bonne mémoire visuelle et auditive. Santé robuste. Libido normale. Aucun complexe, si ce n'est de supériorité. Sensualité.

Défauts: égoïsme, cupidité, matérialisme excessif, duplicité, mensonge, hypocrisie, rancune, absence de sentiments et du sens de l'humour. Susceptibilité exacerbée. Névrose paranoïaque latente. Caractère impatient et difficile, attiré essentiellement par l'argent; le sujet est très avare.

Examinez cette écriture à la loupe et répertoriez les différents signes et les traits de caractère correspondants. Ce graphisme, à l'aspect agréable à première vue, recèle un grand nombre de défauts caractériels.

bonjour.

Voilà 3 jours que je suis parti en vacance ; la cote est be
les jours sont agréables, les nuits sont fraiches et la lune
sur la mer se reflète comme mon amour ds tes yeux.
Si je t'écris, comme tu le sais déjà, c'est pour te di
Que je t'aime. Mais un léger problème m'est arrivé
un problème d'un ordre un peu particulier : un problème
financier. Oh ! peu de chose. Mais ça compte.

• Jeune cinéaste de 25 ans, études de philosophie; écriture petite, ronde et anguleuse, régulière. Marge gauche réduite. Espaces entre les mots et les lignes normaux. Pression forte. Lignes sinueuses et parfois droites. Direction des lettres variable. Retouches, traits sinistrogyres et acérés, voyelles boueuses. Majuscules à la place des minuscules au milieu du mot (sens artistique). Enroulements. Graphisme harmonieux, rapide. Lettres confondues et tracé couvrant.

Qualités: intelligence, culture, esprit analytique, bonne mémoire, aucun problème de santé, capacité d'organiser sa vie, assiduité au travail; courageux, équilibré en ce qui concerne le but professionnel, ambitieux; libido normale. Diplomatie. Attachement à la famille. Sujet affectueux et doté d'imagination.

Défauts: instabilité affective et sexuelle; égoïsme, sens de l'économie, avarice, hypocrisie, dissimulation, mensonge par intérêt, angoisses, peur du futur, souffrances du passé. Problèmes sexuels, bien que le sujet soit viril. Manque de joie de vivre.

de vous envoyer le livre que vous me

Ce livre n'existe pas en livre de poche

uniquement en broché. Le prix est

Je vous prie d'agréer chère Madame,

de ma considération distinguée.

• Libraire-éditeur, 37 ans, agrégée de lettres: graphisme harmonieux (intelligent et rapide) à forte pression; simplifié. Lignes sinueuses; lettres suspendues, acérées, retouchées, rondes et anguleuses. Grands espaces. Direction droite à progressive; enroulements, crochets, entames en lasso courbé vers le haut; écriture liée en guirlandes; quelques tracés filiformes. Ensemble sobre.

Qualités: sujet intelligent, cultivé, sens de l'humour et des affaires, optimiste, doté de beaucoup d'assurance, sociable, affectueux, loyal en amitié; bonne santé, grande force de travail, esprit d'entreprise et de la compétition, courage et volonté. Libido normale. Diplomate (sait jouer la comédie; caractère théâtral). Persévérance, ambitions, réalisme, joie de vivre.

Défauts: grande nervosité intérieure, instabilité affective, dissimulation, mensonge par crainte, isolement intellectuel, emportements, sentiments contradictoires et parfois dépressifs, caractère autoritaire, individualiste. Tous ces contrastes revèlent une personnalité cyclothymique, inconstante, qui surmonte ces tendances pour réussir en affaires au détriment de sa vie privée. Ambivalence.

Cette jeune femme a une intelligence et une volonté peu communes. Comme c'est souvent le cas chez les surdoués ou les artistes de génie, elle évolue sur la crête de la raison au risque de basculer dans la névrose. En l'occurrence, elle est sauvée par sa santé robuste.

l'open de Baigneux. Je
ncore si je l'accepterai. L
s sont assez modestes.
je suis bien informé, B
pas très loin de Paris. Je
nde si votre offre d'hosp
le encore valide.
vant de me décider j'atten
réponse.

• Joueur d'échecs de renommée internationale, 41 ans, d'origine hongroise. Son écriture est juxtaposée et liée, ronde et angulaire, très claire, harmonieuse. Prédominance de la zone médiane, tracé sans excès, pression normale, quelques crochets et enroulements, direction droite, aspect un peu mou et efféminé. Entames anguleuses, finales acérées ou absentes.

Qualités: esprit analytique et intuitif, bonne culture, raisonnement logique, cartésien; sociabilité, amabilité, sens de l'organisation, nature critique et combative, bon équilibre psychique et physique. Finesse de l'esprit. Le sujet sait s'adapter aux circonstances; honnête.

Défauts: sujet matérialiste, hédoniste, égoïste (libido ambivalente, régressive), velléitaire, économe, gourmand, paresseux, craintif (fuit les responsabilités).

Le candidat ne s'est jamais marié. Il habite avec sa tante et un gros chien. En tant que Maître International, il vit comme joueur professionnel et n'exerce aucun autre métier.

good friend Alex arrived today
we talked and walked
'l very late. He's got a new
iend whose mother owns a
in the Marais. I have not
d for more than a month
everything you told me
phone made me feel so
orse. I do not know what

On Monday I will go to the
to cash the draft and pay
some dinners. ~~I~~ The peop

• Attaché commercial d'une grande banque, 31 ans; cultivé. Son écriture est très instructive car elle est riche en signes contradictoires. Absence de marges, espaces réduits, pression forte, lignes très sinueuses; direction des lettres: droite à progressive avec quelques traits régressifs; forme: ronde et anguleuse, surélevée. Traits massués, suspendus, lancés, enroulés, à crochets, retouchés, tordus, fragmentés (voir le **b**), couvrants. Voyelles bouclées, ouvertes ou boueuses. Barres de **t** crochetées et souvent descendantes; jambages de formes très variées: régressifs, tordus ou incertains. Écriture liée, d'aspect viril, ponctuation acérée; la signature, réduite aux initiales, est illisible. Graphisme assez rapide et harmonieux.

Qualités: intelligence, culture, esprit d'entreprise et de décision, matérialisme. Ambitions commerciales. Bonnes santé et libido; diplomatie, sens des affaires, attachement aux amis, aux plaisirs et à l'argent, sensualité, capacités d'organisateur, optimisme, grande force de travail, persévérance, vivacité d'esprit (extraverti).

Défauts: instabilité affective, égoïsme, mensonge, perversité et ambivalence sexuelles (hésitation constante entre les liaisons avec les hommes et les femmes), indécision, vanité, orgueil, complexe d'infériorité, avarice.

Remarques: n'oubliez jamais que chaque qualité ou défaut doit se signaler par plusieurs traits répétitifs et complémentaires. Avant de conclure au mensonge, par exemple, il faut constater au moins quatre ou cinq signes différents sur treize qui existent (lignes sinueuses, retouches, traits couvrants, enroulements, crochets, tracé régressif, inclinaison renversée, lettres suspendues et confondues, tracé ralenti, arcades, fioritures).

Merci d'avoir pensé à nous malgré votre vie si remplie ! Je vois que 78 vous réserve de grands projets, puissent-ils se réaliser et vous donner beaucoup de joie.

Avec mes voeux et tte mon affection.

Olga

• Religieuse de 55 ans qui vit dans un couvent; écriture très régulière, ronde, à guirlandes annelées, liées, à hampes surélevées malgré une prédominance de la zone médiane; espaces larges, traits horizontaux massués, pression forte. Ensemble très clair. Lignes droites. Absence de fioritures. Graphisme rapide.

Qualités: intelligence, culture, rigueur, moralité, principes, aspirations élevées, générosité, amabilité, affectivité et sensualité contrôlées, honnêteté, droiture, ténacité, capacités manuelles, sens de l'organisation, santé robuste, caractère indépendant, esprit analytique et pratique. Nature assez équilibrée.

Défauts: dissimulation, refoulements et inhibitions (volontaires) des instincts et des passions sensuelles; réalisations intellectuelles limitées; parfois écartement brutal des amis. Répression de la spontanéité, de l'égoïsme et de la gourmandise.

Dear Claude,

We shall be in Paris, startin
June 12, for a week. It would
nice to see you again. If yo
are able to, please call me a
the Plaza Athénée: 723.78.33.

Best regards.

• Femme mariée, 50 ans, sans profession. Écriture claire, ronde, droite (avec quelques traits renversés), aérée, sans excès. Les zones sont équilibrées et la pression est régulière, un peu faible. Graphisme lent.

Positif: amabilité, générosité, gaieté, équilibre psychique, bonne santé, imagination poétique, fidélité, complaisance, honnêteté, réalisme, ponctualité, sociabilité; nature extravertie, attachée à la famille et aux amis.

Défauts: manque d'énergie, paresse intellectuelle, esprit conservateur et bloqué; libido en régression, volonté réduite, peur de l'avenir (inconsciente). Manque d'optimisme profond, tendances superficielles, complexes d'infériorité refoulés, manque d'ambitions.

Remarque: répétons encore une fois qu'il est indispensable d'analyser un grand nombre d'écritures pour progresser. Cherchez des analogies avec les graphismes de vos amis que vous avez récupérés. La grande variété de nos spécimens proposés vous aidera à développer l'intuition «juste» dont vous aurez besoin pour saisir la complexité de l'interaction de tous les signes, afin de définir le caractère du sujet.

estime que la période de beau temps que nous avons
à son terme et que les prochains jours seront pluvieux.
Le temps à Paris devenant très similaire à celui de ...
suggère que vous reveniez et aussi certainement très plaisi...

V. Grattan

• Homme de 29 ans, directeur de vente; écriture petite, droite, à la zone inférieure prédominante, aux lignes sinueuses et aux larges espaces, à la pression plutôt faible, à l'exception de quelques jambages massués, plongeants. Traits liés, suspendus, enroulés, couvrants, brisés, (peu de retouches); signature au milieu. Entames et finales absentes. Majuscules régressives. **Qualités:** intelligence, clarté d'esprit, sens de l'organisation, diplomatie en affaires, attachement aux amis et à la famille, virilité, sensualité, amabilité, finesse d'esprit, sensibilité, douceur. **Défauts:** libido faible, malgré le grand intérêt que le sujet porte à la sexualité; courage et volonté instables, complexes d'infériorité, angoisses, mensonge par peur, lâcheté, susceptibilité, dissimulation, souffrances qui proviennent du passé et qui ne sont pas entièrement surmontées.

Le sujet n'est pas heureux, car il se rend compte qu'il manque de volonté pour exploiter tous ses dons. Aussi fuit-il les responsabilités.

e conduite rigide soit bonne soit mauvaise.
fait toujours ce que l'on attends pas il est en général
généraux. et qui ne change que dans leur propre intérêt
choisir une tendance et la garder secret. à autre qu
t imposer aux joueurs de dire quel ils sont lamp
s ne peuvent être utilisé que par un personnage ayo
ngeon sans qu'un des personnages commence de se condui
e son tendances. il peut forcé le personnage à changer
ge en lui enlevant des pts d'expérience un exem
it bonne. et qui tue et torture un prisonnier.

• Jeune homme de 24 ans; après deux années d'études de droit, il s'est lancé dans les affaires avec un certain succès. Son écriture est ramassée, boueuse et légèrement renversée vers la gauche; les espaces sont réduits. Il n'y a pas d'exagérations notables. L'ensemble, juxtaposé et lié, reste lisible malgré de nombreuses retouches. Les guirlandes alternent avec les arcades; quelques tracés filiformes apparaissent. Le trait est rond et anguleux avec des pointes acérées; certaines lettres sont suspendues. La ligne est sinueuse et la pression irrégulière mais assez puissante, de même que les barres de **t**. Prédominance de la zone médiane et supérieure. Entames et finales peu marquées. Enroulements, crochets, traits couvrants. Le graphisme est rapide et clair. (Notez le **d** fragmenté.)

Positif: intelligence, culture, vivacité d'esprit, intuition, ambitions, capacités d'organisation, d'analyse et d'adaptation; sens du commerce et des affaires, initiative, enthousiasme, réalisme, ponctualité, esprit d'entreprise, optimisme, pragmatisme, hédonisme, bonne santé et libido; volonté puissante et persévérante, suite dans les idées, patience, diplomatie, sociabilité, virilité; le sujet ne se laisse pas influencer.

Défauts: égoïsme, avarice, prédominance de l'intérêt matériel, égocentrisme, méchanceté, absence de sentiments altruistes et d'émotions, amabilité intéressée, cruauté, dissimulation, mensonge, fourberie, phantasmes pervers, sexualité débauchée, violence latente, prodigalité, paresse intellectuelle, instabilité affective, absence d'imagination poétique et du sens de l'humour, dureté, arrogance, entêtement, hypocrisie.

[illegible] + drink [illegible]
a fish for 40 Fr. only < Sun[illegible]
is included! So when a[re]
you coming to join us for a
hearty meal? I'm running
International diner club
own here.
Well, All the very best as
always.

Very Sincerely y[ours]
Richard

• Homme de 36 ans, programmateur en informatique; écriture légèrement renversée, très liée (du genre envahissant), ronde en guirlandes, de pression normale à forte, à crochets et lassos régressifs, barres de **t** élancées; zones équilibrées. Tracé rapide. Lignes droites.

Qualités: intelligence, culture, esprit analytique, spontanéité, ambition, volonté, bonne libido, esprit d'entreprise, réaliste, gaieté, droiture, persévérance, pragmatisme, amabilité, sociabilité, sensualité, affectivité, hédonisme, équilibre psychique, santé satisfaisante, capacités intellectuelles de concentration, mémoire visuelle. Sens de l'humour. Clarté d'esprit. Capacité d'organisateur. Grande force de travail, diplomatie. (Sujet extraverti dans la vie privée.)

Défauts: contradictions entre la générosité, la prodigalité et l'égoïsme; nature envahissante, égocentrique. Manque d'intuition et de psychologie. Ambivalences et insatisfactions sexuelles. Emportements et colères rentrés. Matérialisme exacerbé. Jalousie. Nature possessive du genre «moi d'abord». Vanité.

. une chaleur écrasante je
. mot pour vous parler de
s dossiers. Mon travail me prend
sais très professionnel parce
l'on fait quelques choses en droit
me aussi ne rien faire par
je reste au lit jusqu'à midi

• Homme de 32 ans, entrepreneur en serrurerie, homme d'affaires avisé. Graphisme clair, simple, rond et anguleux à pression moyenne. Lignes sinueuses, inclinaison droite à progressive, enroulements, quelques tracés régressifs et lettres retouchées. Ponctuation haute, zones équilibrées; finales massuées et parfois gladiolées. Une ou deux majuscules à la place d'une minuscule (créativité). Point après la signature.

Qualités: bonne santé et équilibre psychique; entreprenant, enthousiaste, ambitieux (au point de vue matériel et professionnel); esprit critique, intelligence naturelle; sens de l'organisation, capacité de diriger des employés; altruiste, généreux, attaché à la famille et aux amis, loyal; sens de l'humour, optimisme, joie de vivre, libido satisfaisante, esprit analytique, mémoire visuelle. Hédonisme. Sensualité, amabilité, imagination, créativité, honnêteté, habiletés manuelles, ténacité, activité.

Défauts: méfiance, prudence, instabilité, crédulité; le sujet est indépendant, insatisfait, paresseux (souffre de contradiction entre la paresse, l'indolence et l'ambition), «pourrait faire mieux» sur le plan intellectuel; tendances à la dissimulation et à la diplomatie qui peut devenir mensonge lorsque c'est nécessaire. Colère et violence contrôlées (le candidat repousse par moment son entourage avec brusquerie pour sauvegarder sa liberté).

Dear Claude,

I've been in London for five days. It's as hot here as in Paris, and even more humid. But that's what summer's for, n'est-ce pas?

See you soon,

[illegible]

• Jeune femme de 30 ans, biologiste; graphisme dynamique, lié, grand à pression forte; surélevé, progressif avec quelques lassos sinistrogyres et traits couvrants; lignes sinueuses en montant; entames sèches et parfois arrondies comme les finales; ces dernières sont massuées ou gladiolées. Tracé rond et anguleux. Fioritures et enroulements aux majuscules. Ponctuation haute. Jambages plongeants et bouclés.

Qualités: intelligence, culture, ambition, persévérance, optimisme, enthousiasme, esprit analytique, mémoire visuelle, volonté et libido fortes, bonne santé, sens de l'organisation, générosité, esprit critique, humour, sensualité, amabilité, sociabilité et affectivité; loyauté, imagination, passion.

Défauts: orgueil, matérialisme, attachement à l'argent, dissimulation, frustrations sexuelles, méchanceté, brutalité, colère; égoïsme, prodigalité, dissipation, manque de prévoyance, emportements sentimentaux.

Remarque: n'oublions pas que nos deux groupes sont aléatoires. Pour certains la passion et l'ambition représentent des défauts et pour d'autres l'égoïsme ne peut être qu'une qualité dans la mesure où il est nécessaire pour la survie. Ici aussi, tout dépend de l'ensemble du graphisme. Ne sommes-nous pas soulagés de rencontrer quelques crochets ou autres traits d'égoïsme dans une écriture faible et molle qui penche vers la névrose par manque d'envie de vivre? En revanche, un être très pieux mettra la sensualité dans le groupe des défauts. Nommer ces groupes «positif» et «négatif» revient au même; néanmoins cette classification moderne est plus claire que l'ancien système où l'on mettait tout ensemble.

Quelle jolie soirée que de vous avoir rencontrée sur cette jolie terrasse balayée par ~~q~~ un souffle de vie.

Je vous avais déjà remarquée, votre chevelure tranchait.

• Avocat, 37 ans; écriture liée, descendante, sinueuse, progressive, ronde et anguleuse, rapide, retouchée, enroulée en lasso, gladiolée, bien proportionnée, à crochets. Signature et adresse très différentes, montantes et ponctuées. Pression forte et assez régulière, entames absentes ou en traits secs. Jambages variés.

Qualités: intelligent, cultivé; imagination créative; persévérant, ambitieux, aimable, affectueux, sensuel, esprit analytique et réalisateur, bonne santé et libido forte. Sujet équilibré, indépendant, diplomate, économe.

Défauts: méfiant, prudent, égoïste et égocentrique, avare, intéressé, matérialiste, caustique et parfois méchant, dissimulateur, instable au point de vue sentimental, capable de mentir, infidèle, pessimiste, velléitaire, hédoniste.

Chapitre III

A. Comment déceler les différents traits de caractère

L'activité: l'écriture montre une pression moyenne à forte, régulière; c'est un des signes de santé robuste, indispensable pour jouir d'une bonne activité. Les lignes de base sont assez droites ou légèrement montantes. Le tracé est rapide et jointoyé, sans fioritures ni exagérations. L'inclinaison de l'ensemble est droite ou progressive.

• Éditeur de 43 ans, cultivé; il a le sens du commerce, ses guirlandes révèlent son amabilité et sa générosité apparentes, car au fond, il est plutôt égoïste. Hédoniste, matérialiste, grande force de travail, bonne santé, diplomate, intelligent.

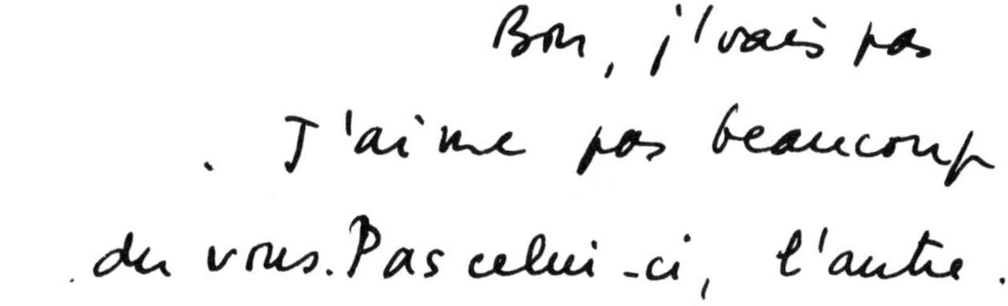
Bon, j'vais pas
. J'aime pas beaucoup
du vous. Pas celui-ci, l'autre.
. n'aime pas mon écriture. Mais

L'affectivité: elle est contenue dans la zone médiane et dans la rondeur des lettres et des liaisons. Son expression favorite réside dans la guirlande, comme c'est le cas dans le spécimen précédent.

L'analyse (esprit analytique): les lettres, et parfois même les mots sont reliés entre eux. Les points sur les **i** ou les accents touchent souvent la lettre qui suit.

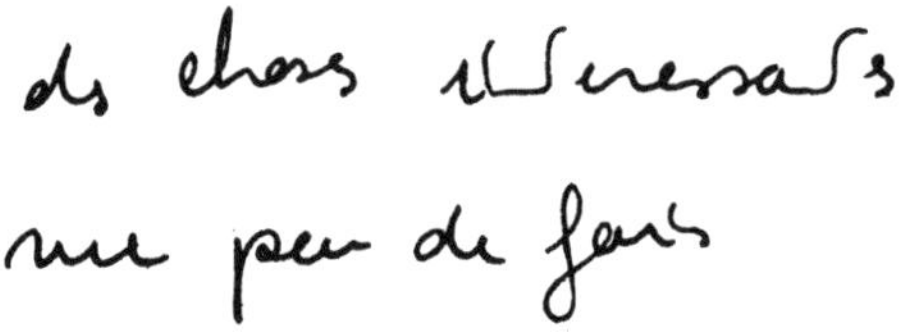

L'agressivité: elle se traduit par des traits lancés vers le haut, progressifs, anguleux, acérés ou gladiolés. La pression est moyenne à forte. Traits cruciaux.

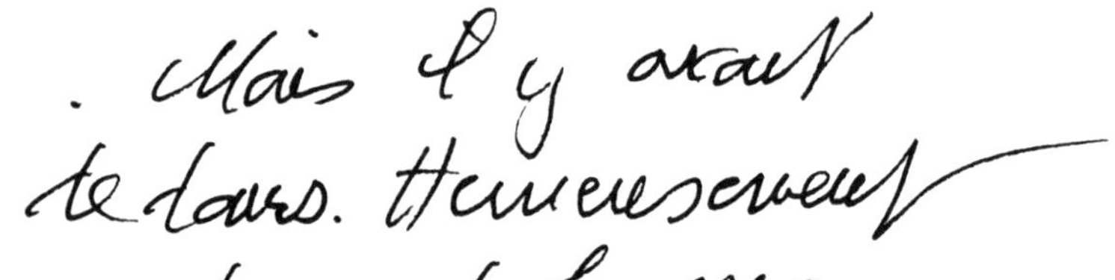

L'ambition: l'écriture est droite ou progressive. Surélévation des hampes et prolongement des jambages. Le trait est simple, sans fioritures. Les majuscules sont souvent un peu plus hautes que le double de la hauteur du corps de la lettre minuscule; prédominance des angles.

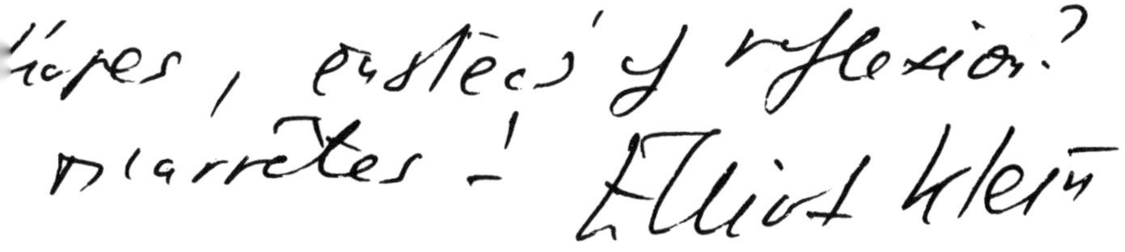

L'assurance: trait ferme, écriture progressive, simple; signature lisible sans paraphe, espacement normal entre les lignes et les mots, régularité modérée, ligne d'écriture droite.

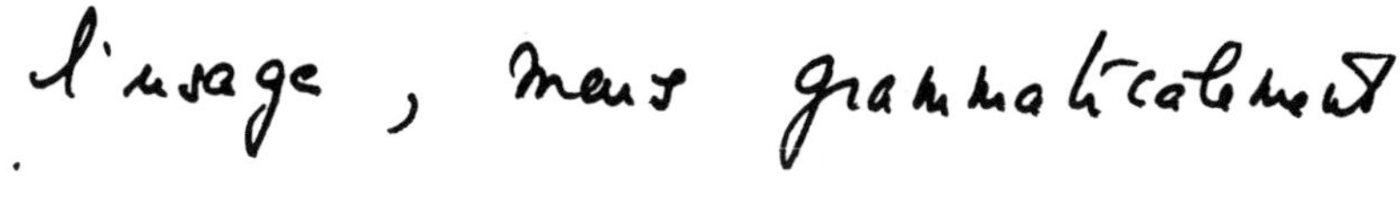

L'avarice: marges réduites ou absentes, de même que les espaces entre les mots et les lignes. Absence d'entames et de finales. L'écriture est serrée et petite ou grande chez les prodigues qui dépensent tout pour eux-mêmes. Présence d'autre signes d'égoïsme. Traits sinistrogyres. Angles. Lorsque le sujet a un caractère ambivalent, alternant de générosité et de parcimonie, l'avarice peut être difficile à déceler dans son écriture. Ce seront alors ses traits d'égoïsme et de méchanceté qui peuvent nous mettre sur la piste. Crochets, enroulements.

– l'avare maladif

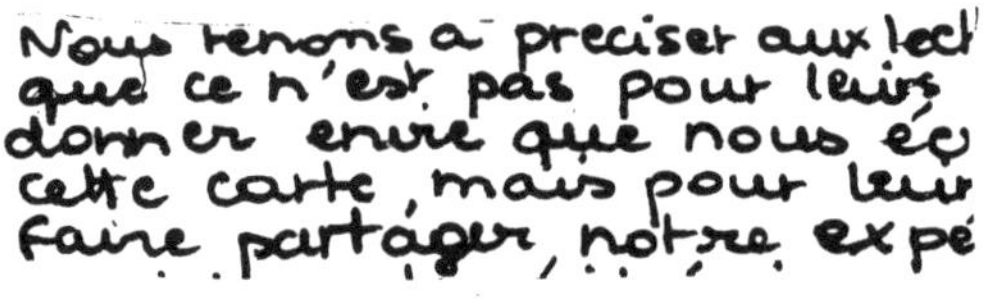
Nous tenons a preciser aux lect
que ce n'est pas pour leurs
donner envie que nous éc
cette carte, mais pour leur
faire partager notre expé

– l'avare égoïste

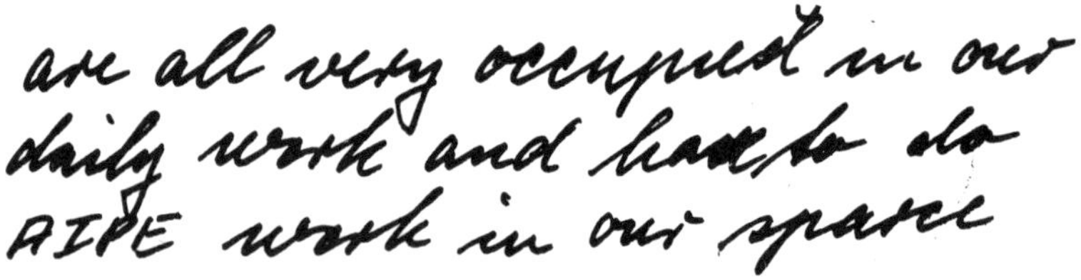
are all very occupied in our
daily work and have to do
AIPE work in our spare

– l'avare égoïste, prodigue

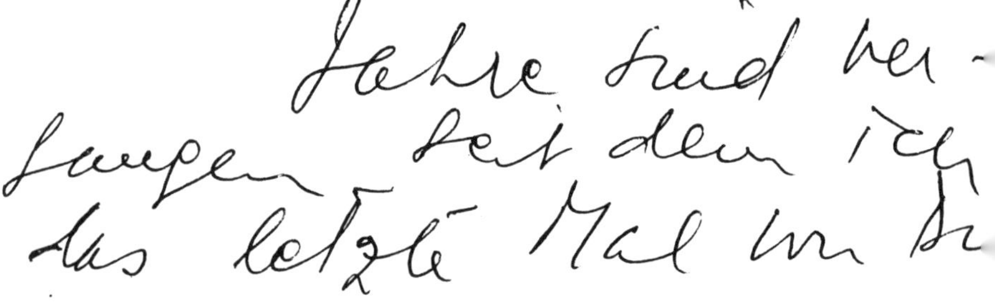
Jahre sind ver-
laufen seit dem ich
das letzte Mal in di

La bonté: lettres inclinées vers la droite d'égale hauteur, rondes, en guirlandes, finales en courbes étirées ou montantes, sans brisures. Grands espaces.

La boulimie: prédominance de la zone médiane, pression épaisse et molle, écriture ronde ou ovalisée, signes de névrose et frustrations.

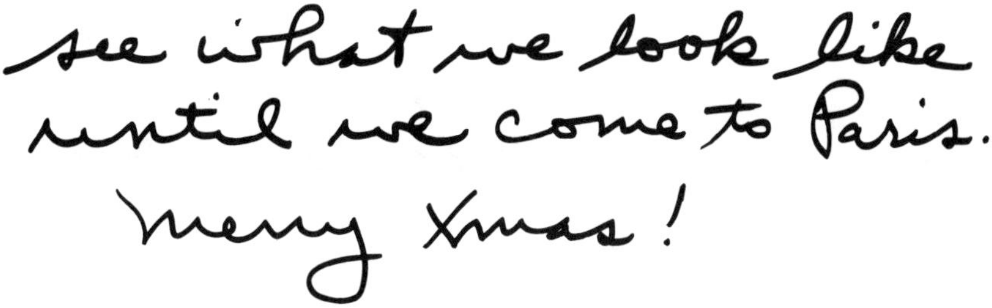

Dans ce dernier cas, le graphisme peut être saccadé, angulaire, aux traits maigres, bien qu'ici aussi la zone médiane prédomine.

Caractère influençable: tracé mou en guirlande, lignes sinueuses, barres de **t** absentes, irrégulières ou régressives, nombreuses inégalités, retouches, traits brisés ou flous.

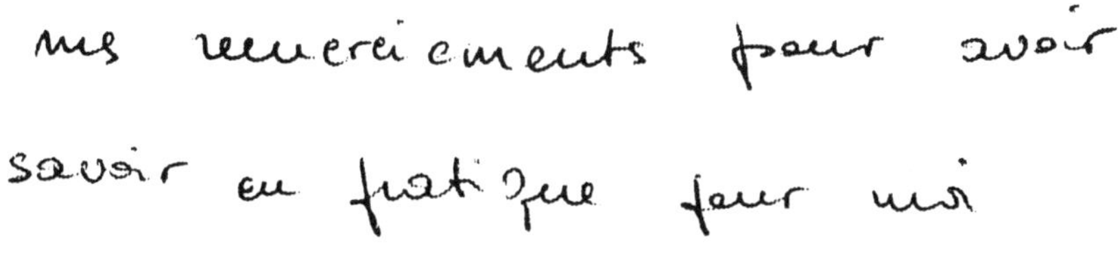

Colère: finales lancées vers le haut, vers la droite ou plongeantes, traits massués, irréguliers, anguleux.

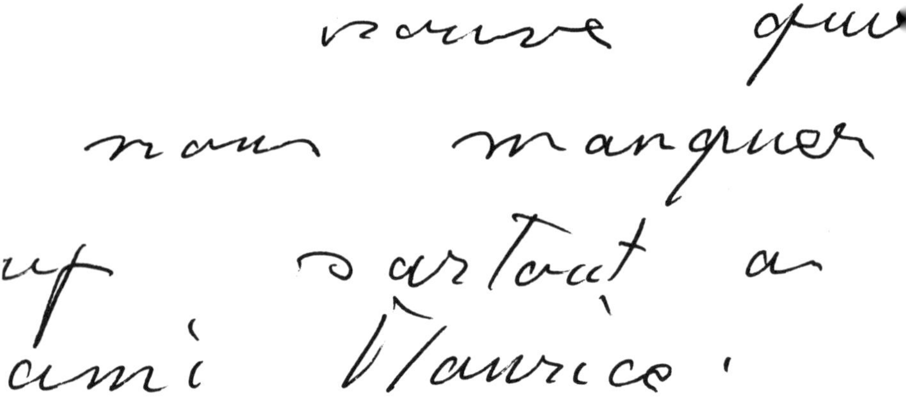

Concentration: écriture liée, régulière, ligne plus ou moins droite, parfois légèrement renversée.

Confusion d'esprit: (manque de culture) mauvaise ordonnance, lignes et lettres entrechevêtrées.

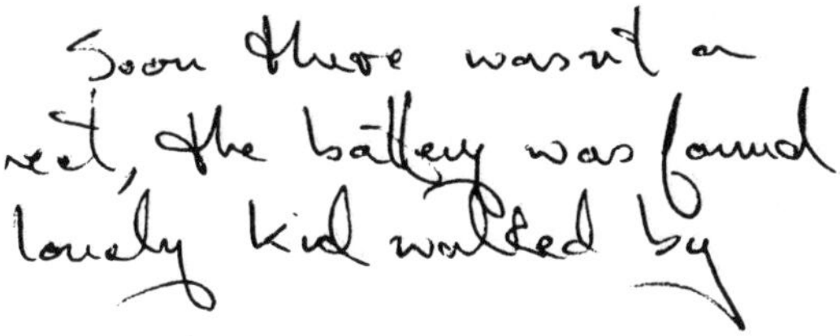

Criminalité: chez l'homme cultivé, les signes seront moins prononcés, mais d'autant plus importants. La criminalité latente ou effective se traduit par six ou sept signes de mensonge, les crochets et les enroulements de la fourberie dans un tracé éventuellement filiforme par endroits; les lettres peuvent être confondues, retouchées et de nombreuse inégalités apparaissent. Possibilité de névrose. D'un autre côté, un tracé trop régulier et monotone, propre aux hystériques et aux obsessionnels, mène également à la criminalité. Dans sa crise, le schizophrène peut se suicider ou commettre un meurtre.

Depuis *L'écriture des Canailles* de Crépieux-Jamin, épuisé et introuvable, personne ne s'est penché sur les manifestations criminelles.

• Ce savant schizophrène, dont vous connaissez déjà l'écriture, est en traitement depuis de nombreuses années. Supérieurement intelligent, il souffre de névrose dépressive entre autres. Tentatives de suicide. La forme des jambages nous montre la régression de sa libido, fréquente chez les déprimés. Une certaine violence se dégage du graphisme. Malgré son apparence physique fluette et son regard absent, vide – ou peut-être justement à cause de cet aspect –, le sujet pourrait exploser un jour et tuer sans la moindre raison.

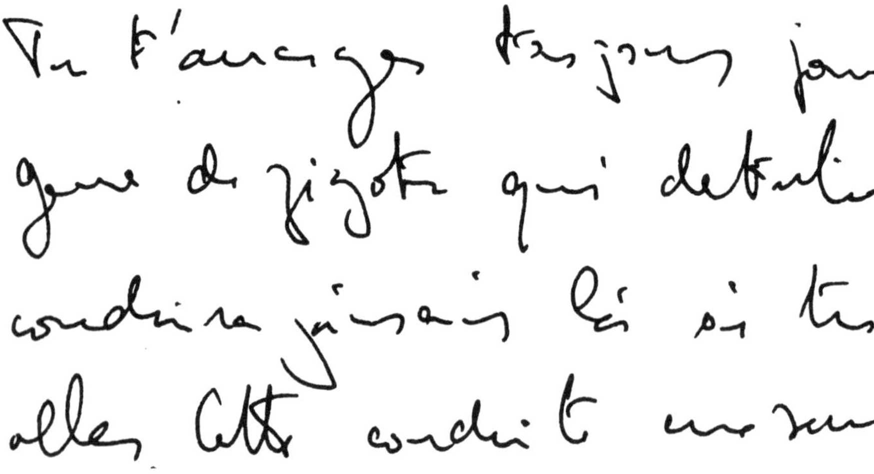

• Voici un autre intellectuel qui a occupé un poste élevé dans le gouvernement de son pays. Il se maria avec une Française dont il eut deux enfants. Lorsqu'il divorça, il quitta son travail pour se mettre à la recherche de sa femme qui était repartie en France. Elle avait la garde de ses enfants. Il les enleva quatre fois pour les ramener en Australie où il réussit à les cacher un certain temps. Lors d'un de ces enlèvements mouvemementés, il jeta une bombe sur son ex-femme au milieu d'une rue de Marseille. Le sujet, visiblement perturbé, et encore c'est un euphémisme, se mutila quelque peu dans une tentative de stérilisation. Son oeil perçant, inhumain, cache une violence dangereuse. C'est l'image même du criminel potentiel; d'autant plus dangereux que son intelligence supérieure ne fait pas de doute. L'écriture sinueuse, imprécise, aux traits couvrants et régressifs, aux lettres suspendues, confondues et retouchées, aux barres de **t** tenaces et méchantes, confirment la criminalité.

Dear Claude,

Here I am, with the boys,

have dreamt of. We camp in a van in

brown & swimming, learning to row our

swim and row; and we have seen some

I will tell you about it all some day.

The boys are getting into basic schooling,

took a month or so for them to suit

Les trois écritures suivantes montrent également une forte tendance criminogène. La première provient d'un schizophrène, obsédé sexuel, en traitement. Il porte une «camisole chimique», selon l'expression consacrée.

Les deux autres spécimens appartiennent à des malades schizoïdes en liberté. Chez ces trois-là, les problèmes sexuels prédominent et peuvent engendrer des actions violentes.

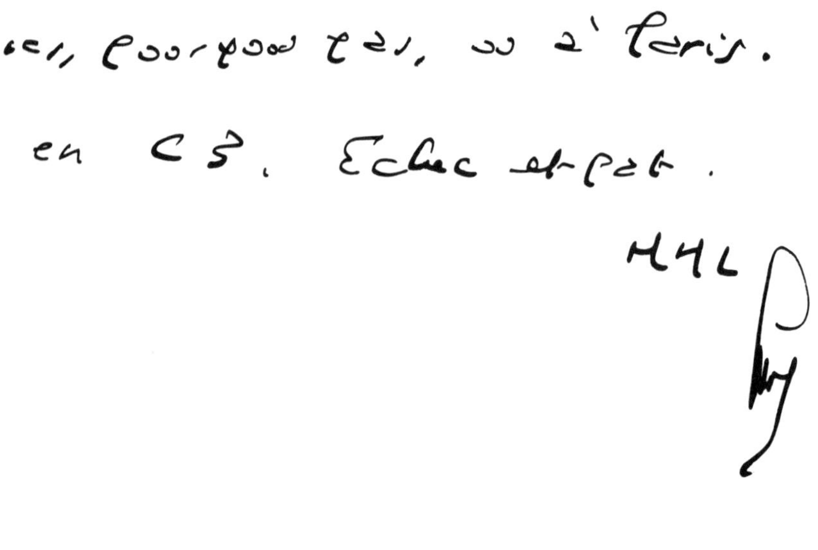

Tissus gingivaux

les tissus superficiels du produit ne affectés de façon

J'ai le plaisir de vous faire savoir que le temps est ici merveilleux.

Je vous embrasse.

L'écriture de Hitler suivie d'un faux. Dans ce dernier, les lignes sont moins tombantes, les jambages plus réguliers, le trait moins boueux, mais plus filiforme. Il est étonnant que ce faux ait

Le document authentique avec
le vrai testament de Hitler

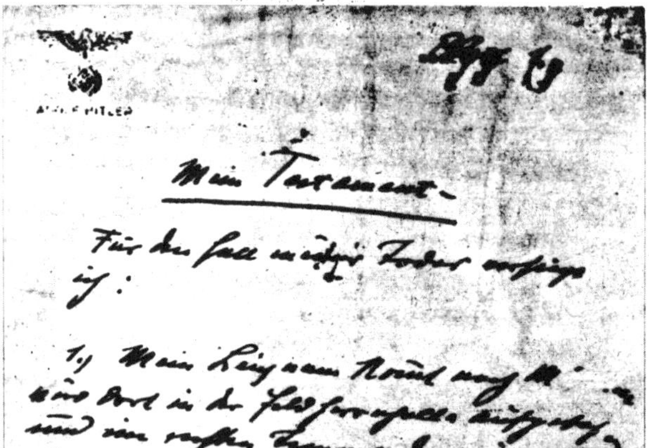
Mein Testament

réussi à abuser tant de spécialistes! Vous-même, avec ce que vous avez déjà appris dans les chapitres précédents, seriez capable de découvrir la supercherie.

Le faux

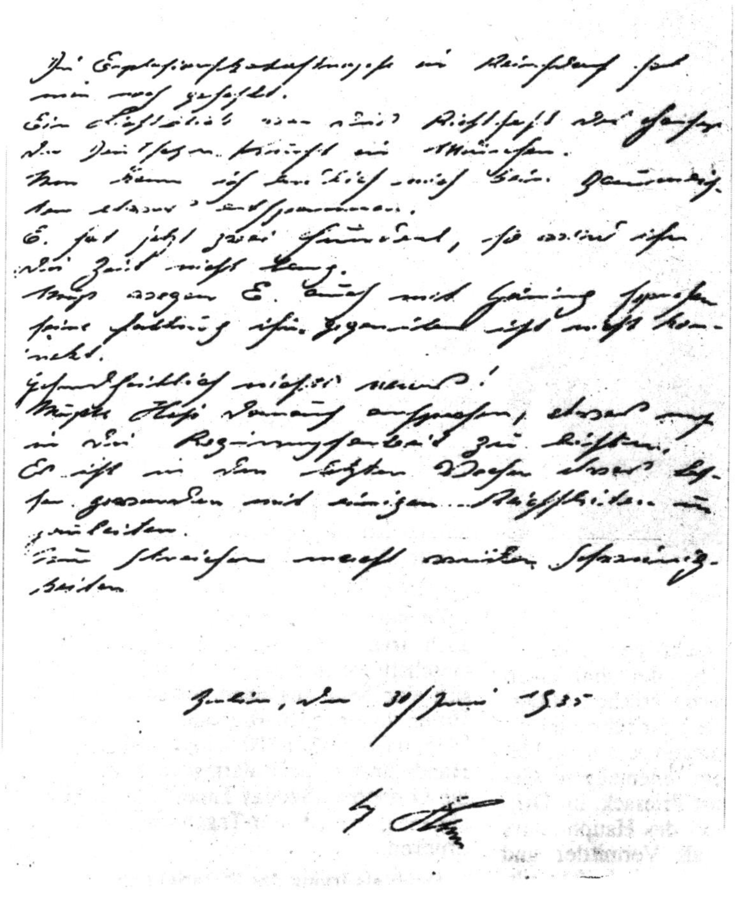

La créativité: signes d'imagination (ponctuation élevée, quelques lettres majuscules au milieu des minuscules à l'intérieur des mots, lassos légers en coupes ouvertes à l'entame et tracé montant vers la droite en finale), marques de volonté (bonne pression et barres de **t** fortes et courtes), ambitions intellectuelles (hampes surélevées). Empreintes de la passion (graphisme fortement penché vers la droite, parfois presque couché). Signes de l'intuition: écriture juxtaposée.

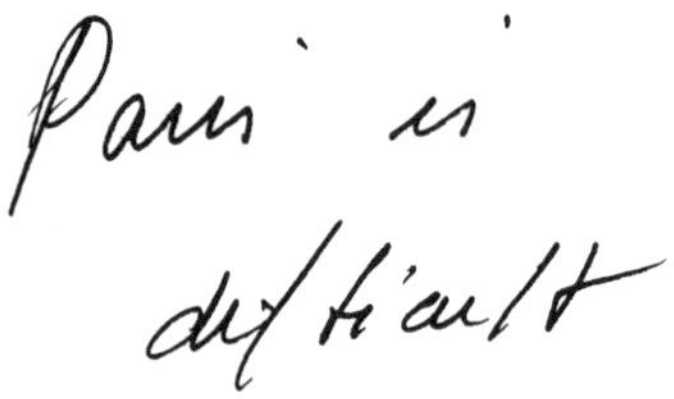

Remarque: chez les artistes,toutes sortes d'excès sont possibles sans que la signification ne soit négative.

La curiosité intellectuelle: graphisme rapide, léger, surélevé; finales montantes; écriture inclinée vers la droite, voyelles ouvertes en haut (sujet extraverti).

La diplomatie: tracé sinueux, filiforme, voyelles fermées ou légèrement ouvertes à gauche, lettres suspendues. (Voir signes du mensonge.)

La discrétion: écriture droite, voyelles fermées ou bouclées, graphisme clair et net, sans excès.

La douceur: tracé rond aux entames et finales en coupes ouvertes, guirlandes, prédominance de la zone médiane, absence d'angles, pression moyenne à forte, mais assez molle.

La droiture: trait ferme et régulier, absence de fioritures, ligne de base droite.

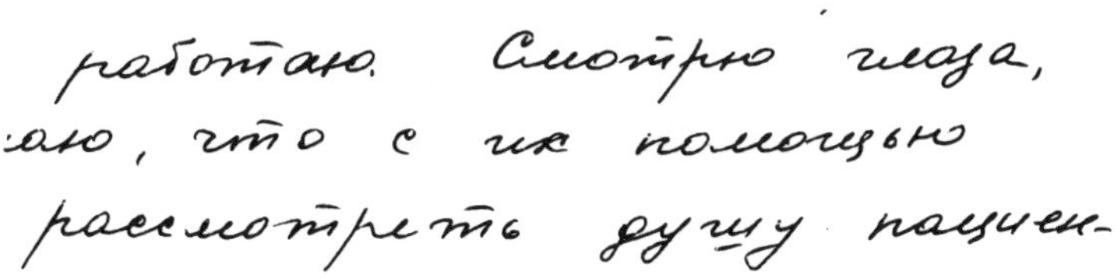

L'égoïsme: crochets, enroulements, angles, traits régressifs anguleux, fioritures, jambages bâtonnés, pression forte, absence de marges, espaces entre les mots et les lignes réduits, parfois l'écriture est trop petite ou trop grande, mais pas toujours (voir l'interaction des autres signes). Ponctuation artificielle. Inclinaison sinistrogyre. Il faut constater plusieurs de ces signes pour pouvoir conclure à l'égoïsme excessif du sujet. (Un certain égoïsme est nécessaire pour survivre; dans ce sens, il ne ressort pas du graphisme.)

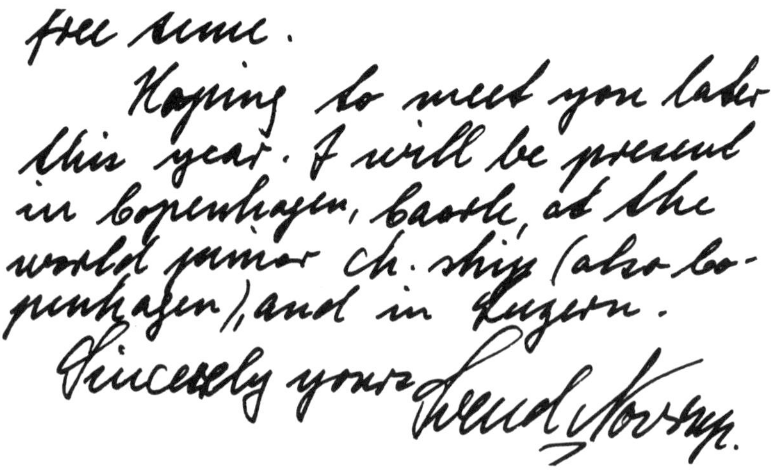

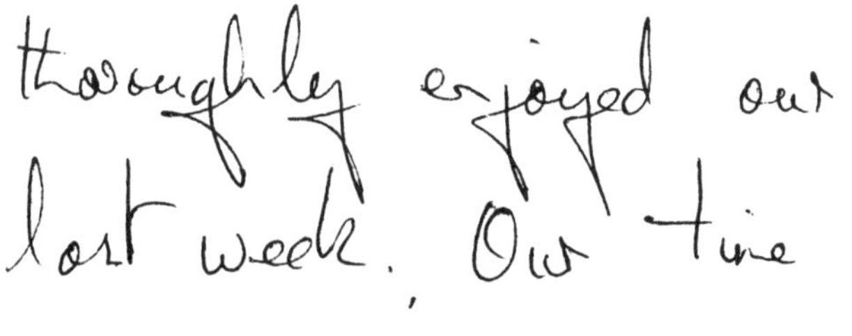

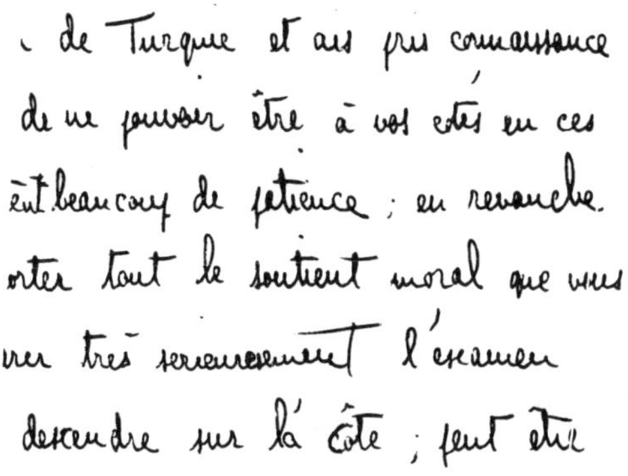
de Turquie et ais pris connaissance
de ne pouvoir être à vos côtés en ces
eut beaucoup de patience ; en revanche
orter tout le soutient moral que vous
ver très sérieusement l'examen
descendre sur la côte ; peut être

L'égocentrisme: écriture régressive, monotone, lente; prédominance de la zone médiane ou inférieure, enroulements sinistrogyres, arcades, voyelles fermées ou cadenassées (parfois annelées). Pression moyenne à faible. Certaines écritures excessives, trop grandes ou trop rondes, proviennent également de sujets égocentriques.

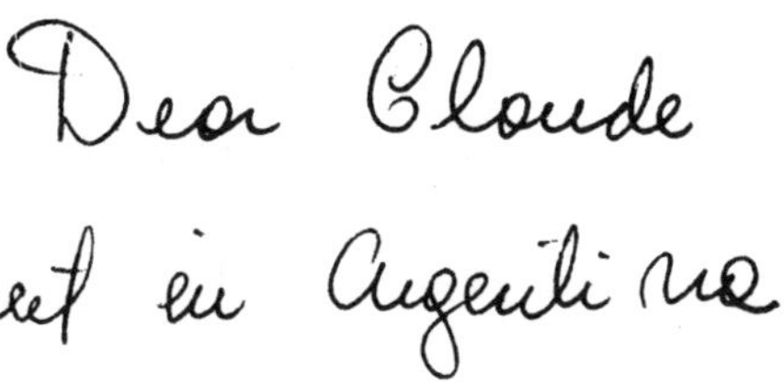
Dear Claude
met in Argentina

L'émotivité: écriture rapide, précipitée, lettres retouchées ou oubliées, dimension des lettres irrégulière, lignes sinueuses ou excessivement montantes (chez les déprimés elles peuvent descendre en chevauchant), surélévation des hampes et jambages, irréguliers de longueur. Changements de l'inclinaison des lettres et de la pression qui est moyenne à faible. Graphisme juxtaposé; brisure de lettres.

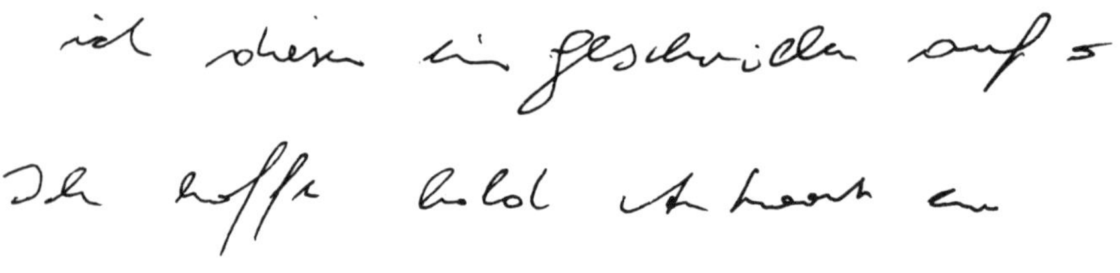

L'entêtement: barres de **t** en lasso, voyelles fermées et bouclées; ou excès de régularité dans l'ensemble du graphisme.

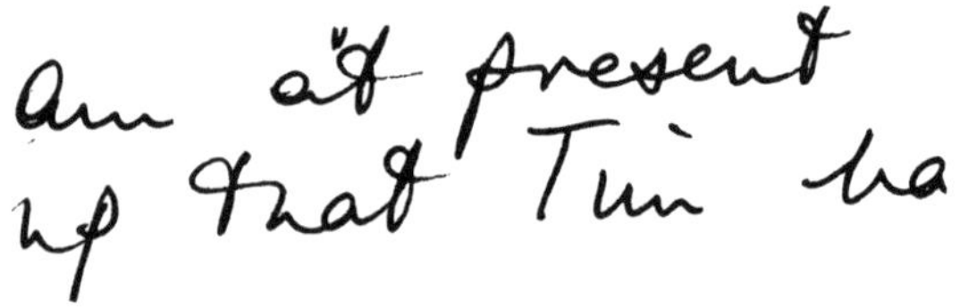

L'enthousiasme: inclinaison progressive (vers la droite), finales montantes en biais vers la droite jusqu'à dépasser la zone médiane. Entames en lasso ouvert. Pression moyenne à forte. Tracé simple, clair; absence de signes de méfiance et de dissimulation.

L'esprit critique: entames sèches, montantes, en biais.

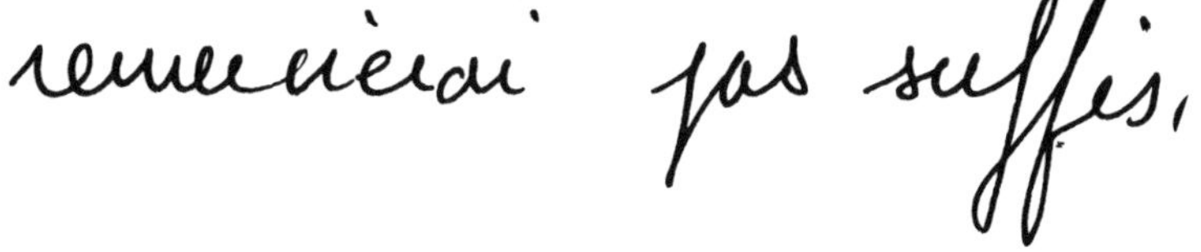

La fidélité: régularité du trait, précision de la ponctuation, clarté du graphisme.

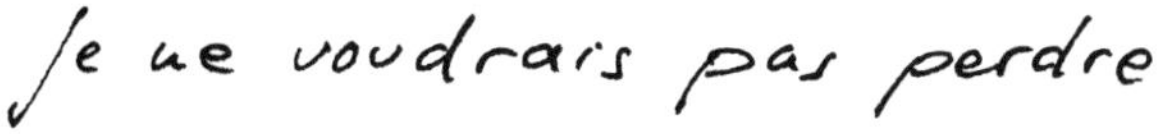

La fierté: écriture simple, hampes légèrement surélevées, lignes montantes, inclinaison progressive ou droite. Signature sans paraphe.

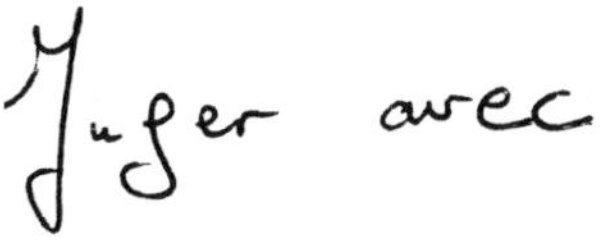

La finesse (d'esprit): écriture de dimension moyenne ou petite; mots gladiolés ou filiformes; lettres simplifiées, juxtaposées.

La folie: graphisme confus, fioritures, **d** fragmenté, excès de toute sorte; lettres confondues, amplification des signes qui désignent les «maladies mentales».

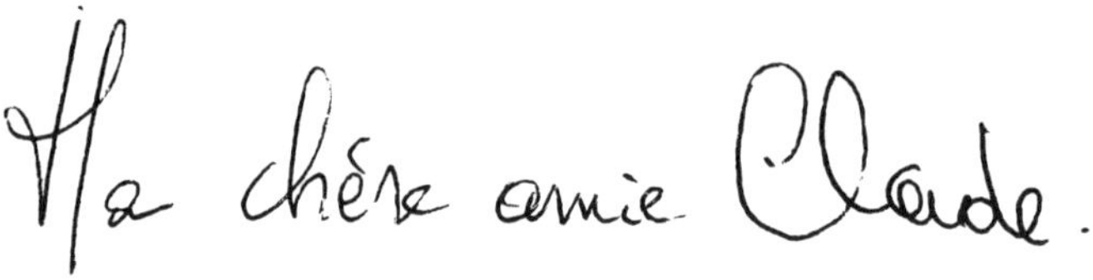

La force: écriture raide, froide; pression forte et régulière, barres de **t** courtes et appuyées, prédominance d'angles, ligne de base droite; graphisme vertical ou progressif.

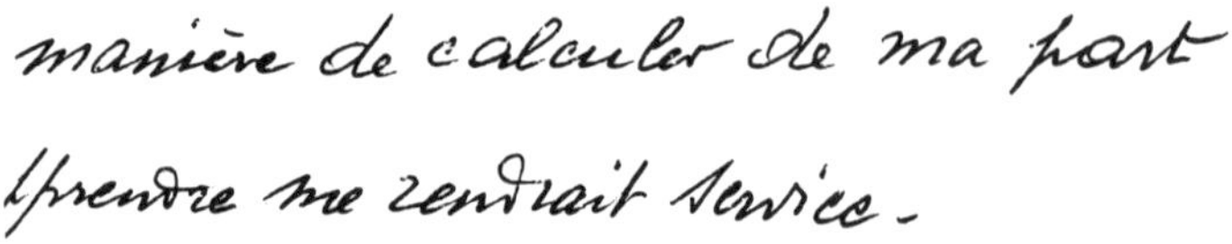

La franchise: régularité de dimension et hauteur des lettres. Absence de mots ou de traits, finales gladiolées. Pression régulière.

La froideur: lettres hautes et minces, très rapprochées les unes des autres, trait d'entame sec. Graphisme angulaire, droit. (Parfois angles régressifs.)

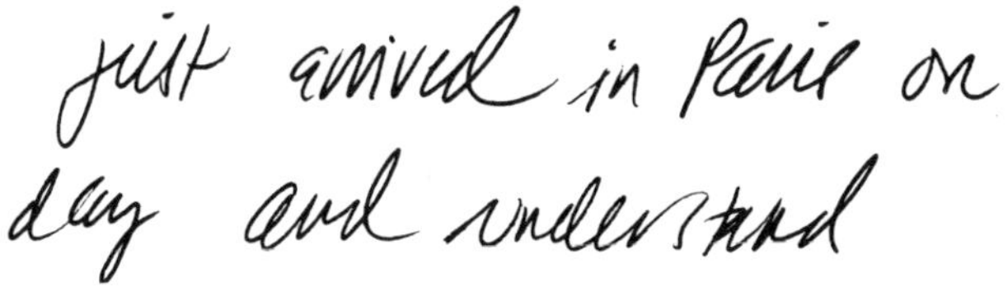

La générosité: écriture en guirlandes, espacée, nette; finales prolongées, arrondies. Absence d'angles.

L'homosexualité: jambages tordus ou à boucles ouvertes et trop grandes dirigées vers la gauche. Direction très variable des jambages. Voyelles ovoïdes, traits prolongés, massués.

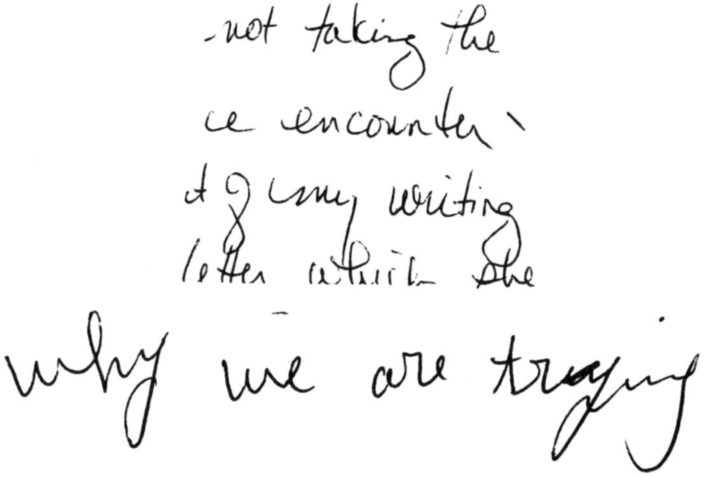

L'humour: lassos en courbes ouvertes à l'entame ou en finale; barres de **t** assez hautes et ondulées. Ponctuation en petites coupes ouvertes. Guirlandes supplémentaires au début des mots ou aux «m» si le mot est juxtaposé. Lignes de base droites ou légèrement montantes. Signature à droite de la missive. (Elle peut contenir des guirlandes et des arcades, si ces dernières surplombent les lettres sans les toucher.)

Remarque: ici aussi, comme pour tous les signes, la présence de l'humour indique que le sujet est capable d'inventer des plaisanteries; tandis que l'absence du signe ne veut pas dire que le candidat soit incapable d'apprécier l'humour.

L'imagination: ponctuation haute, hampes surélevées, une majuscule au milieu d'un mot, finale montante à la zone supérieure, quelques excès, pression faible à moyenne. Graphisme juxtaposé.

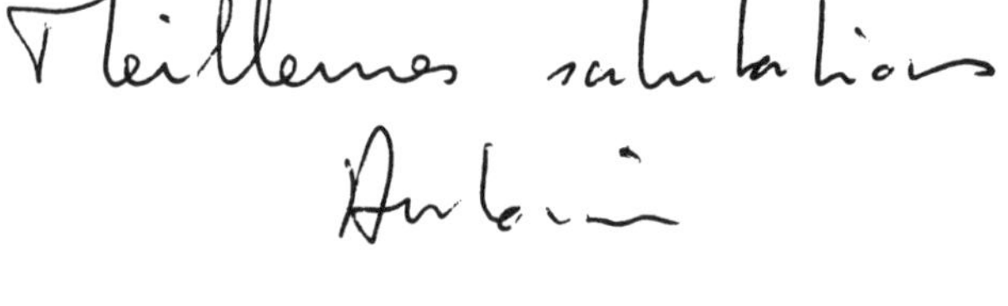

L'indécision: irrégularité des formes; retouches, lignes sinueuses, lettres brisées, pression faible, absence de barres de **t** ou barres régressives. Inclinaison sinistrogyre. Finales suspendues ou tombantes. Guirlandes. Graphisme mou, juxtaposé.

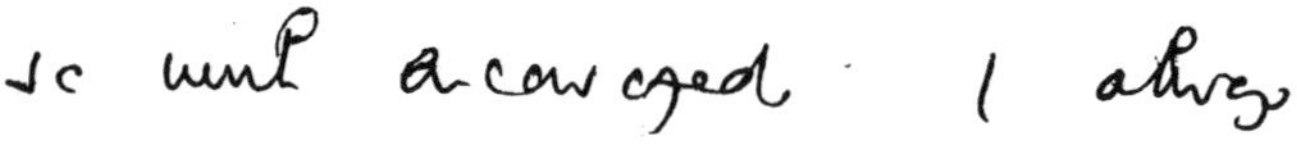

L'indépendance: grands espaces entre les mots et les lignes. Les lettres initiales d'un mot – en général toutes les majuscules – sont juxtaposées, non reliées à la lettre suivante. (Ou – finales prolongées horizontalement et massuées, parfois montantes en diagonale vers la droite.)

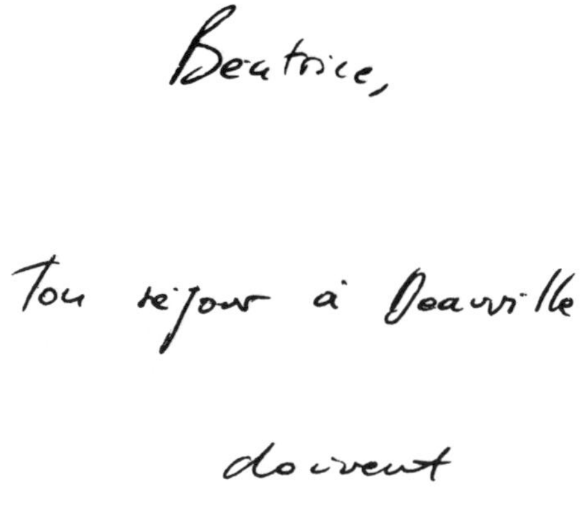

L'instabilité: inclinaison variable de l'écriture, soit dans le même document, soit dans des documents différents. Ligne de base sinueuse, pression faible, brisée ou changeante. Dimension fluctuante. Ponctuation irrégulière. Lettres confondues, suspendues et de formes multiples. L'instabilité est affective et sexuelle lorsqu'elle touche la zone médiane et inférieure; la zone supérieure concerne l'instabilité des sentiments et des ambitions élevées.

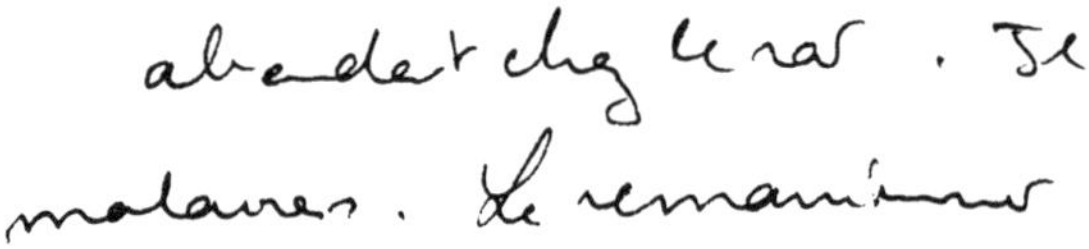

L'intelligence: écriture harmonieuse, bien ordonnée, lisible, rapide, simplifiée, sans fioritures ou excès. Il est cependant très difficile de déterminer le degré exact de l'intelligence d'une personne car celle-ci peut revêtir différentes formes.

Les inhibitions: graphisme droit ou régressif; parfois monotone, trop régulier. Traits ou ponctuation sinistrogyres. Lettres groupées en dépit du bon sens. Points ou petits traits superflus à l'intérieur des mots. Arrêts brusques du tracé. Ralentissement soudain de l'écriture. Voyelles ovoïdes à pression molle. Signature et adresse à gauche. Un point après la signature. L'écriture peut aussi être très petite; absence de jambages. S'ils dépassent à peine la zone médiane: complexes sexuels. Les hampes trop basses indiquent les complexes professionnels.

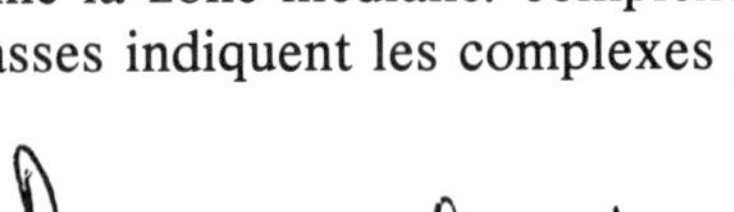

L'impulsivité: hampe du **t** montante de même que la finale. Tracé rapide, ponctuation massuée. L'écriture peut être très grande ou petite et filiforme. Excès. Angles mouvementés. Pression forte.

La libido: elle englobe la volonté, la sexualité, la joie de vivre et l'esprit de conservation.

forte: bonne pression; jambages assez longs, bien bouclés et sans excès; coupe de la boucle sur la ligne de base.

faible: jambages pendants sans force, régressifs, ouverts ou absents.

L'intuition: écriture juxtaposée, rapide, spontanée et vive.

La jalousie: peu de signes spécifiques, si ce n'est l'enroulement de l'entame, car elle provient d'un ensemble de caractéristiques comme: l'égoïsme, la susceptibilité (qui provient elle-même d'un excès d'orgueil), le complexe d'infériorité, l'esprit de possession, l'avarice, l'envie, la cupidité, la rancune, la méchanceté.

Les maladies: parfois les maladies physiques et psychiques se confondent, de même que les tendances criminogènes.

a) la santé physique: Le tracé clair, régulier, d'une bonne pression, indique un état satisfaisant.

Le trait tremblé: vieillesse extrême, mauvaise vue, maladie de Parkinson, paralysie partielle, alcoolisme.

Maladie de Parkinson

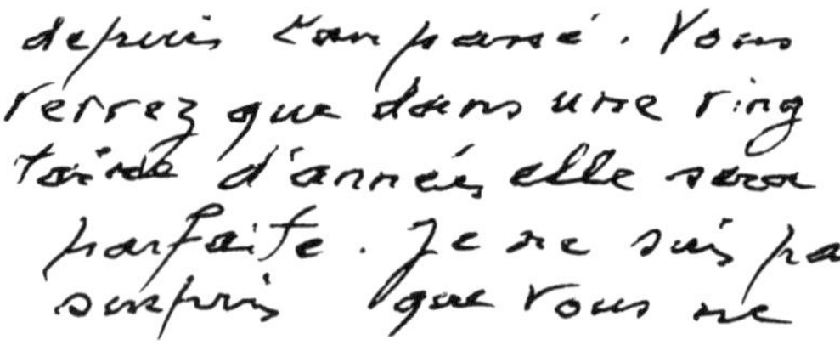

Paralysie partielle

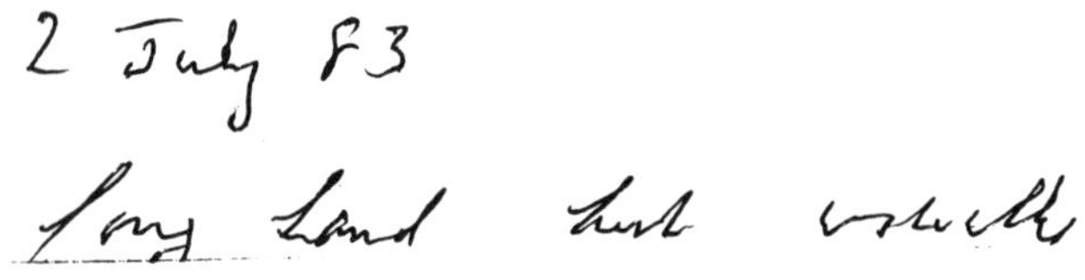

Le trait incertain, brisé ou tordu: hypertension, infarctus du myocarde, attaque cérébrale, cancer en évolution; affaiblissement, épuisement et souffrances physiques.

• Écriture d'un homme de 79 ans, juste avant son attaque cérébrale.

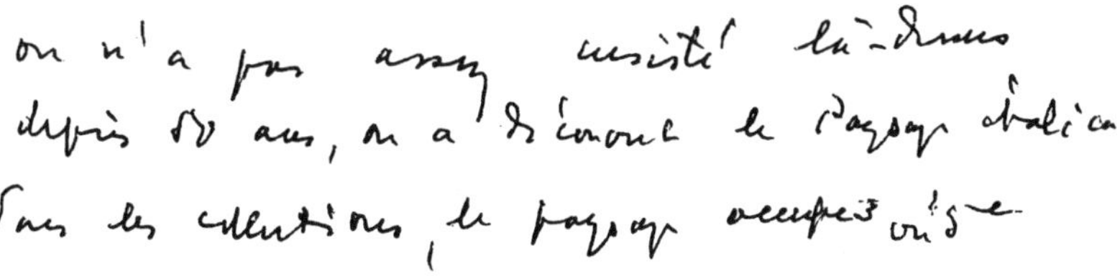

Après l'attaque

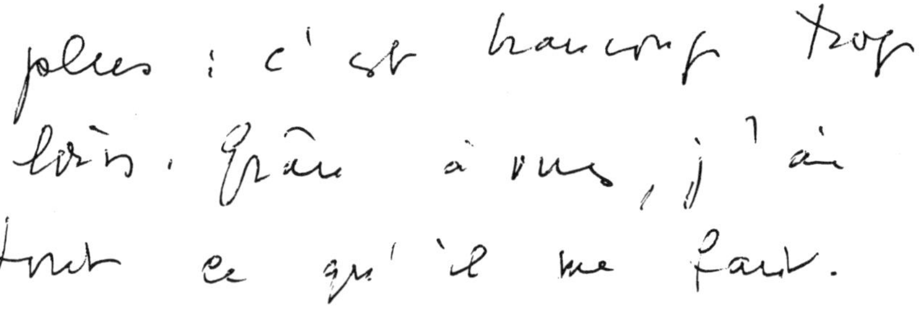

• Commerçant de 50 ans atteint d'un cancer de la moëlle foudroyant. Remarquez les nombreuses torsions.

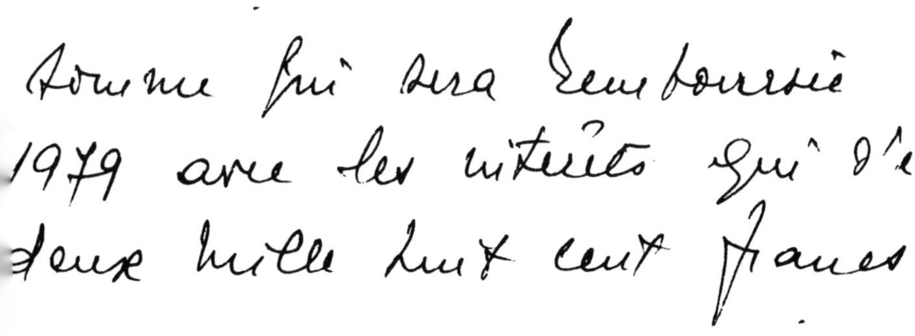

Il est difficile de déceler la nature exacte de chaque maladie. Il existe un certain flottement dans l'appréciation des affections diverses, d'autant plus que l'état de souffrance physique influence fortement l'humeur du sujet jusqu'à le pousser à la dépression. Ainsi,nous retrouvons l'inégalité de pression, le trait brisé, faible et confondu du graphisme des névrosés.

Seuls le tremblement et les tracés tordus désignent la maladie physique du candidat. Ainsi, des torsions dans les hampes proviennent en général d'un désordre glandulaire. Le surmenage se révèle par des mots ou des lettres gladiolés (qui diminuent de hauteur) ou filiformes dans une écriture à faible pression.

Les o en forme de coeur avec un tracé faible, brisé ou tremblé.

Hypertension, fragilité coronaire

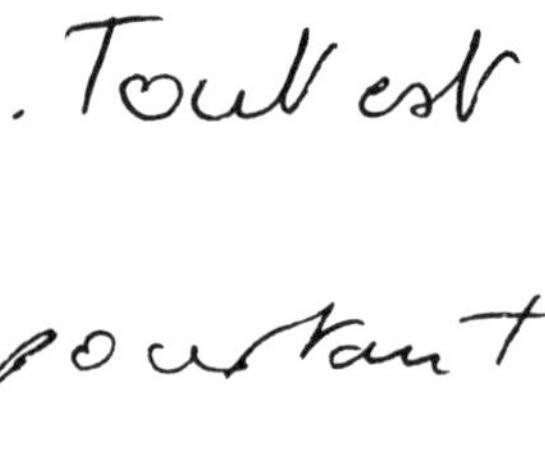

La pression irrégulière, les torsions et la confusion du trait: forte diminution de l'activité cérébrale; atteinte des centres nerveux.
Spécimens d'un ministre de 40 ans, opiomane.

1)

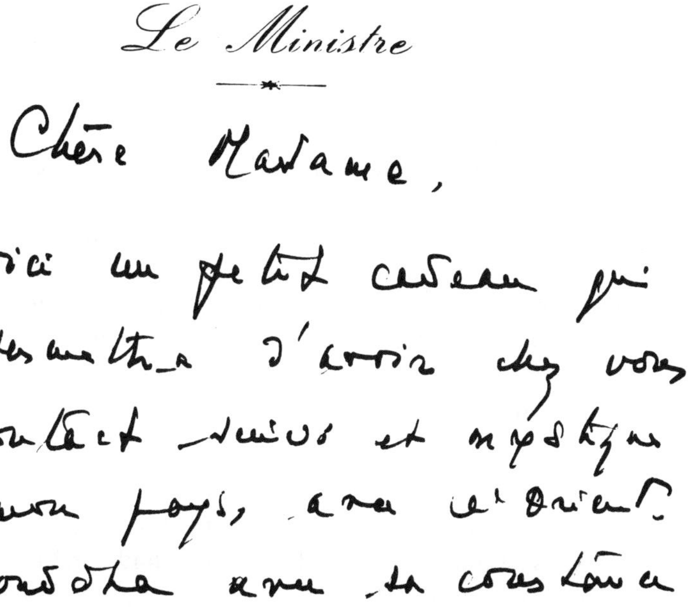
Le Ministre

Chère Madame,

Voici un petit cadeau qui vous permettra d'avoir chez vous un contact sérieux et mystique avec mon pays, avec l'Orient. Le Bouddha avec sa constance

2) Deux ans plus tard

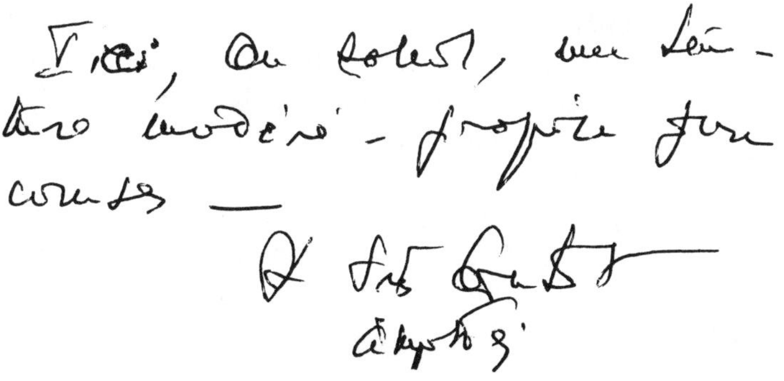

b) Les maladies mentales:

Un certain nombre de traits sont identiques à ceux des maladies physiques. Les exemples pris sur le vif vous montrent comment déceler et distinguer les différentes névroses et psychoses. Les indices se révèlent dans la multitude des traits négatifs comme la faiblesse ou la variation de la pression; ainsi, le tracé peut être par moments très mince et à d'autres moments, massué. Les jambages et les hampes sont brisés ou cassés; les lettres sont confondues et retouchées fréquemment; les lignes descendent ou montent d'une manière excessive, parfois elles sont sinueuses, confuses et enchevêtrées; elles peuvent aussi être trop rigides et droites. Les espaces sont très irréguliers et les mots fragmentés d'une façon incohérente. Le graphisme est renversé et la signature est apposée à gauche. L'ambivalence des lettres de l'alphabet saute aux yeux. Lorsque vous additionnez toutes ces irrégularités et excès,vous arrivez automatiquement à la conclusion de l'instabilité profonde du sujet. De cette instabilité psychique au déséquilibre grave, il n'y a qu'un pas.

Les maladies mentales n'atteignent pas uniquement des hommes simples, mais sont le lot d'un grand nombre d'intellectuels et de savants, comme nous le verrons. Souvent, leur névrose ne les empêche pas de travailler. Elle les fait souffrir essentiellement dans leur vie privée où ils n'arrivent plus à communiquer avec leur entourage. Leurs ambitions deviennent utopiques, chimériques; ils sont submergés par l'angoisse et la culpabilité irréelle qui finissent par provoquer la dépression et l'état schizoïde; désemparés, ils se réfugient dans la psychanalyse. Ce qui est évident, c'est qu'il n'y a pas de névrosés heureux. Ces écritures sont toujours tristes, bien qu'elles puissent être harmonieuses grâce à l'intelligence et à la culture du sujet. Dans ce cas, malgré tous les défauts, le graphisme reste rapide, et cela, contrairement aux affirmations de certains graphologues renommés.

• Femme mariée de 37 ans, sans profession: **mélancolie, dépression profonde et apathie;** tout cela malgré une bonne entente avec son mari, ses deux enfants et une vie relativement aisée. L'écriture trahit son manque d'enthousiasme, sa timidité et ses ambitions frustrées. Les inégalités sont peu marquées mais nombreuses et d'autant plus significatives. Prolongement excessif des hampes et des jambages, pression faible et brisée, tracé trop scolaire, lignes chevauchantes en descendant, majuscules à fioritures avec des panses en-dessous de la ligne, dimension des lettres très variable. La signature était apposée à gauche de la missive. Le blocage intellectuel et affectif est évident.

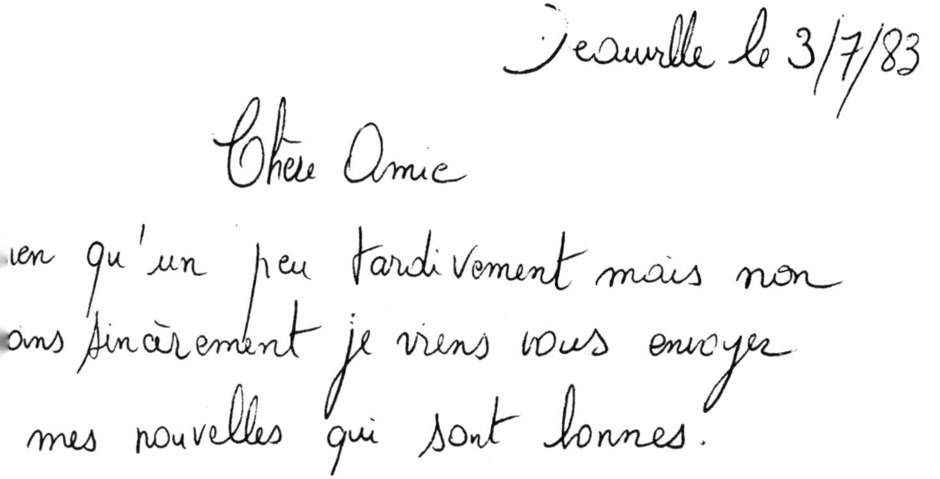
Deauville le 3/7/83

Chère Amie

ien qu'un peu tardivement mais non
ons sincèrement je viens vous envoyer
mes nouvelles qui sont bonnes.

• Homme de 43 ans, technicien; **névrose obsessionnelle** à tendances **paranoïaques.** Graphisme confus et artificiel.

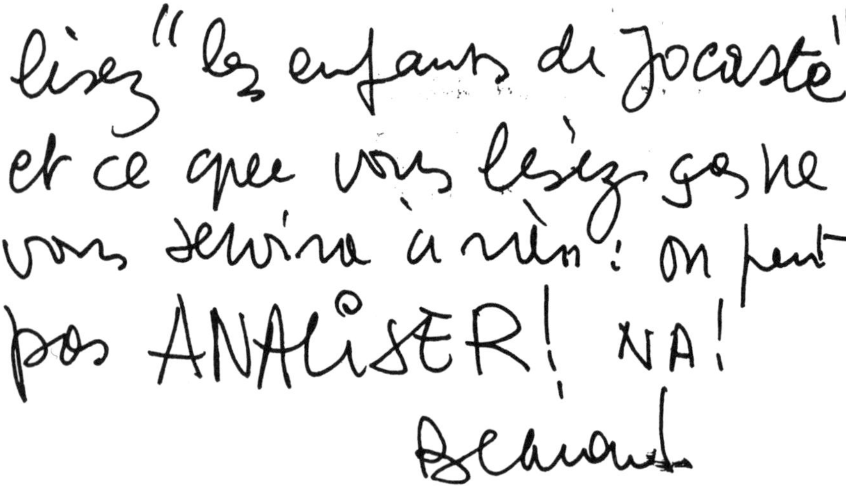

• Voici l'écriture du chirurgien de 43 ans que vous connaissez déjà. (Cyclothymique, maniaco-dépressif, tendances suicidaires.)

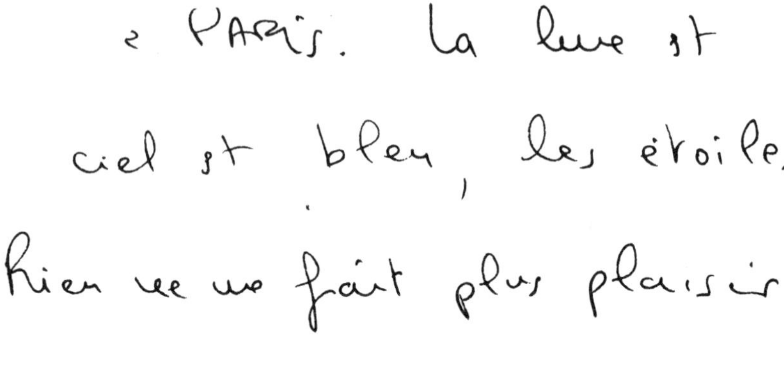

• Un autre représentant de la profession médicale, 55 ans. (Très nerveux et paranoïaque.)

Grand merci cher Claude pour
votre admirable petit livre, mais pas tant
pour le valium. J'ai passé des temps à
commencer à le parcourir. Grands et petits

• Très belle jeune femme de 35 ans, médecin dermatologue. (En analyse pour dépression légère.)

s venue ce soir à la clôture des
uit très chaud et j'ai très soif. Je
ait grand luxe de la journée
lire et me reposer puis
quelques lettres

• Chercheur du C.N.R.S. de 41 ans. (Psychose du suicide, tendances schizophrènes.)

• Jeune femme de 27 ans. (Dépressive, problèmes sexuels.)

• Artiste, écrivain de 35 ans. (Dépression, égocentrisme, auto-érotisme.)

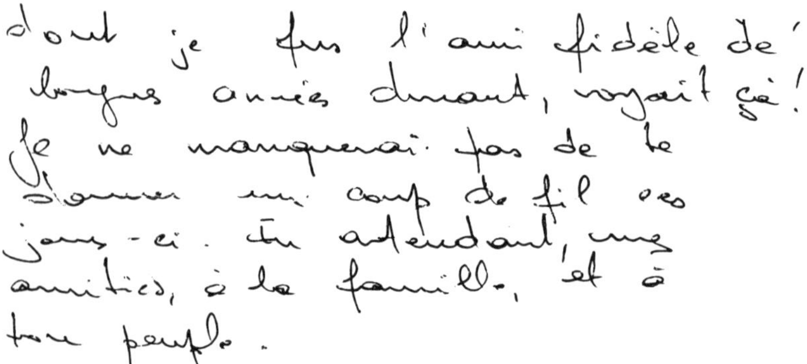

• L'écriture en miroir, suivie du graphisme «normal». Gauchère, psychiatre de 38 ans. (Névrosée, tendances schizoïdes.)

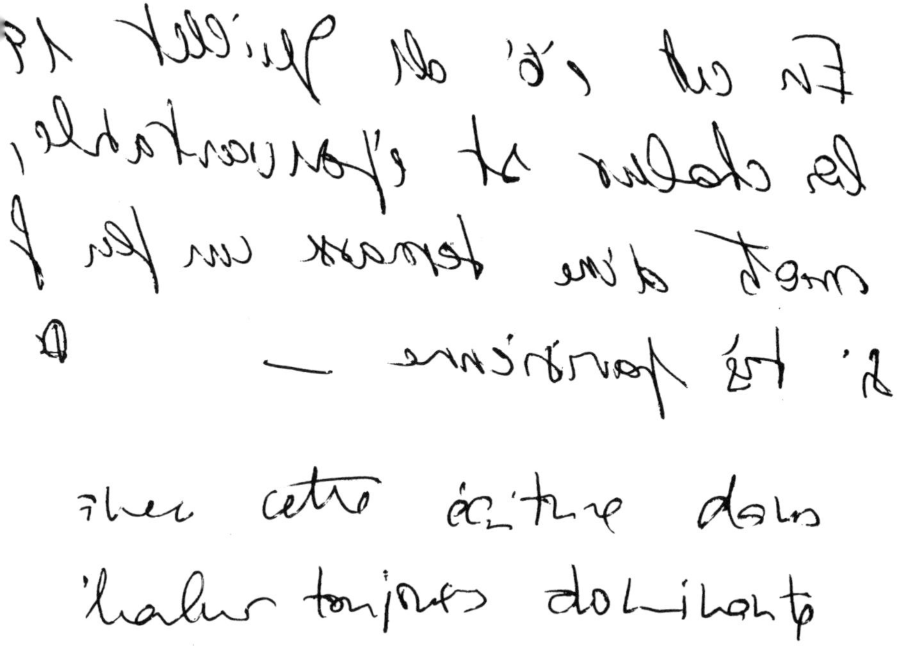

Quelques spécimens qui illustrent plus spécialement les névroses causées par des troubles sexuels (ce n'est pas toujours le cas).

• Névrose obsessionnelle d'une jeune femme de 35 ans.

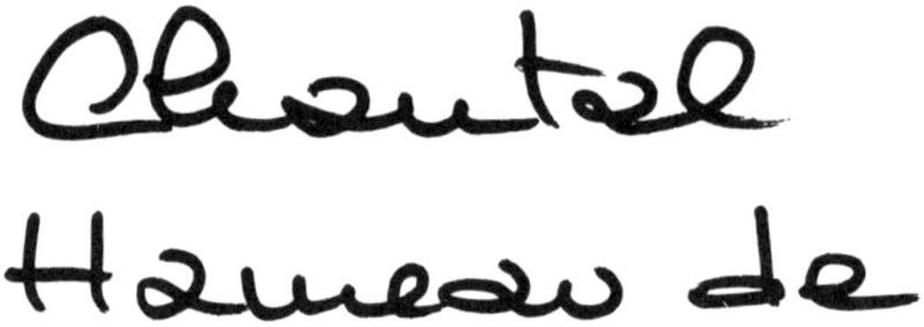

• Décoratrice de 50 ans. (Nymphomane hystérique et obsédée.)

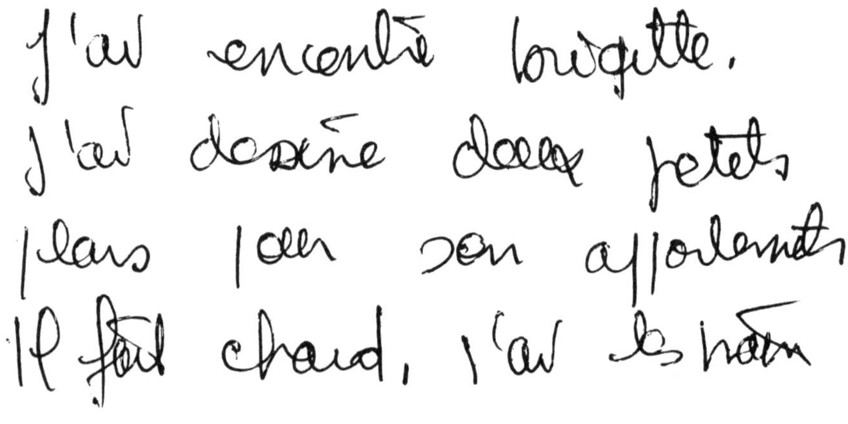

• Étudiant de 26 ans. (Très intelligent, obsédé sexuel, paranoïaque.)

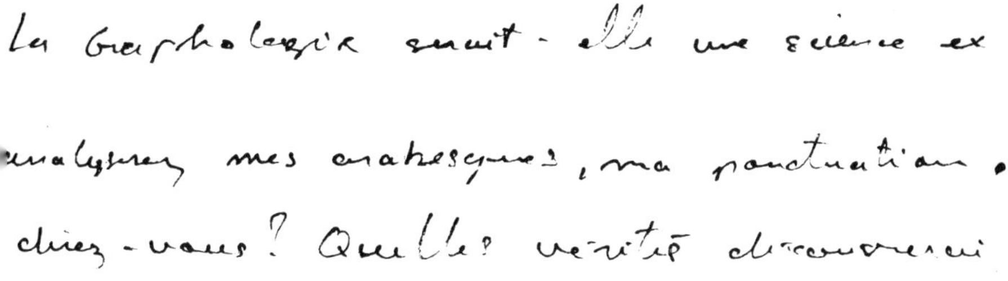

• Jeune homme de 27 ans, shizophrène, tentative de meurtre, viols, enfermé. (Remarquez la monotonie du tracé.)

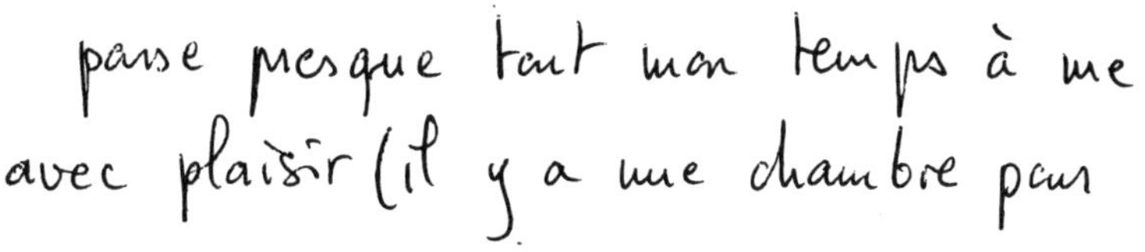

• Professeur de philosophie, 35 ans. (Obsédé sexuel et schizophrène dangereux.)

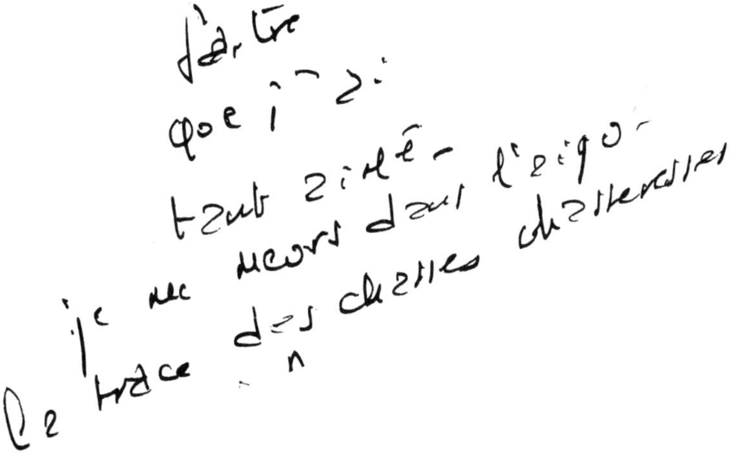

Exemples de sexualité ambivalente:

• Jeune homme de 26 ans. (Tendances homosexuelles, phantasmes.)

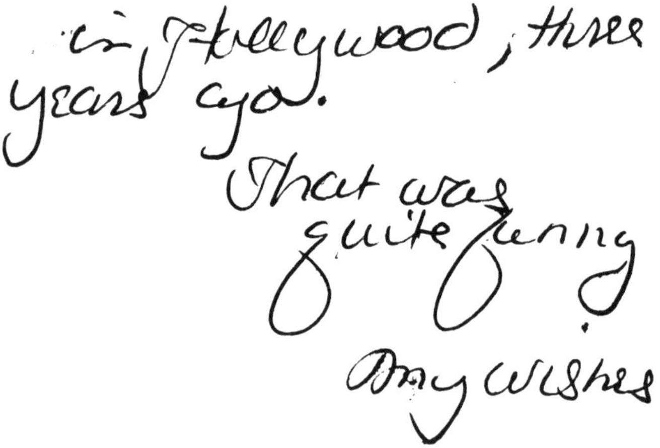

• Deux techniciens de 30 ans.(Phantasmes et insatisfactions sexuels. Complexe d'Oedipe.)

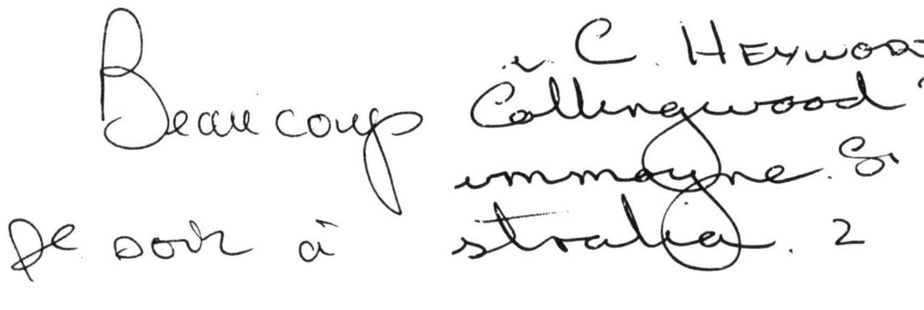

• Femme de 47 ans, écrivain et professeur. (Problèmes psychiques; en analyse. Boulimie. Bisexuelle.)

n embryo; it is the native soil
moral duty is made easy
that within a small circle
ity is ~~made easy~~ created + this
: hum. relationships in general.

• Acteur de 34 ans. (Bisexuel.)

Il est temps de te dire
que je pense encore à toi

Comment distinguer les maladies mentales?
«Le névrosé échafaude des châteaux chimériques; le psychotique les habite et le psychiatre encaisse le loyer.»

Conclusion: bien que nous ne puissions qu'effleurer ce vaste sujet ici, nous avons décidé de vous montrer quelques exemples qui illustrent les différentes sortes de névroses d'une part, et qui traitent du mensonge, d'autre part.

En effet, qu'est-ce qui ressort de tous ces graphismes précédents de névrosés, de sujets schizoïdes et de schizophrènes? Le blocage affectif, l'instabilité profonde et les tendances à l'affabulation qui proviennent dans les cas bénins d'un excès d'imagination et aboutissent chez les malades plus atteints au mensonge chronique et à la mythomanie. Comptez les signes! Dans chaque spécimen de névrosé vous découvrirez sans peine cinq, six ou sept signes qui désignent le mensonge. (Voir les treize ci-dessous.) Étudiez également les exemples de la section «criminalité».

Le matérialisme: concerne tout ce qui se touche et s'absorbe, ainsi que l'argent pour se procurer ces plaisirs. Écriture à forte pression; prédominance des zones médianes et inférieures. Angles et rondeurs.

La méfiance: le graphisme est droit ou légèrement régressif; il y a un ou plusieurs points après la signature et la date; l'adresse sur l'enveloppe est écrite en escalier. Majuscule non reliée à la lettre suivante dans un graphisme autrement lié.

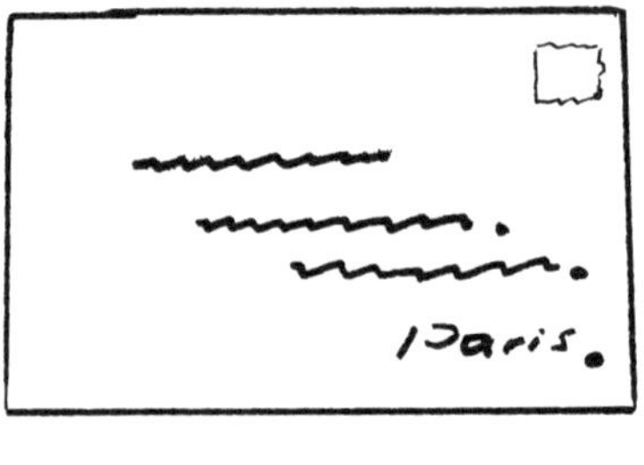

Le mensonge: les treize signes suivants doivent être répétitifs et il faut en compter au moins quatre ou cinq pour pouvoir conclure au mensonge. En revanche, la conclusion sera sans appel. Lignes sinueuses, retouches, trait couvrant, enroulements, crochets, fioritures, inclinaison sinistrogyre, lettres ou traits régressifs, tracé ralenti, arcades, lettres confondues, suspendues ou filiformes (voir écritures des «maladies»). Un dernier signe particulier de la dissimulation et du mensonge: l'adresse et la signature diffèrent du graphisme du texte. Les "a" et "o" ouvert en bas.

L'optimisme: lignes légèrement montantes; pression forte, finales et signature montantes. Inclinaison et ponctuation progressives (vers la droite). Absence de traits sinistrogyres.

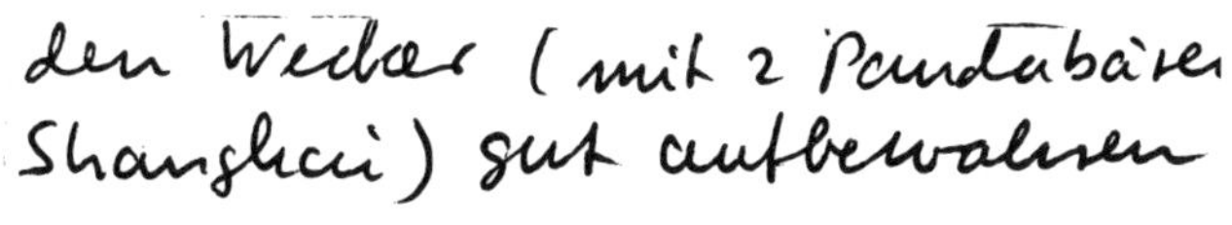

La paresse: guirlandes molles, lettres confondues ou oubliées, ponctuation irrégulière, parfois absente. Tracé régressif.

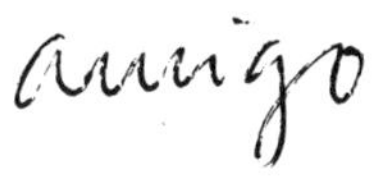

La passion: écriture rapide, progressive, presque couchée vers la droite, pression faible à moyenne.

Écriture d'Emily Brontë.

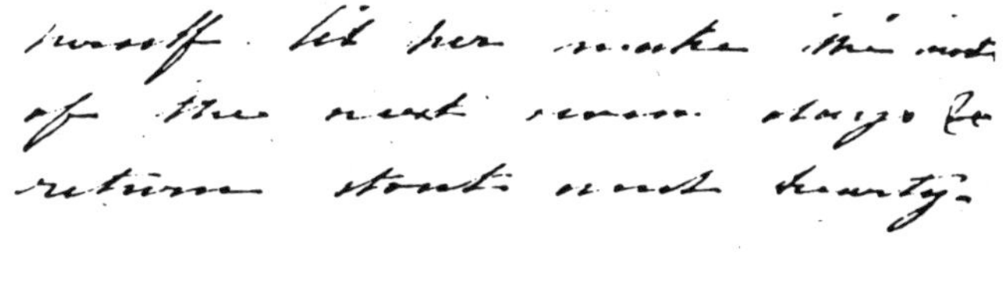

Le perfectionnisme: retouches, ponctuation apposée avec précision, écriture régulière, monotone (le perfectionnisme excessif devient pathologique).

La persévérance: t barrés en lasso, voyelles cadenassées en petites boucles supérieures. Forte pression. Forme angulaire. Écriture régulière, lignes de base droites.

Le pessimisme: lignes et finales descendantes (à distinguer d'un jambage final plongeant qui signifie le contraire, c'est-à-dire le sens du réalisme et de l'activité), signature au milieu de la page ou à gauche, pression inégale, graphisme monotone.

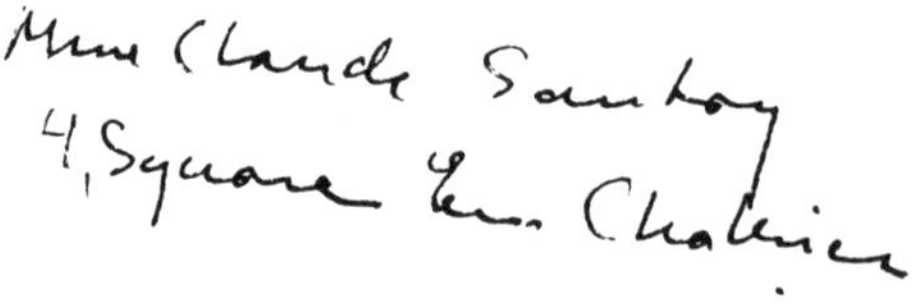

La prodigalité: écriture très grande, quelques mots remplissent une ligne ou même une page (à distinguer de la générosité, qui se révèle dans les guirlandes et les espaces). Ici les espaces peuvent être réduits et les lignes enchevêtrées, car le prodigue est égoïste; il dilapide tout pour ses propres fantaisies et ne donne rien aux autres.

Le refoulement: écriture régressive, traits sinistrogyres, lettres suspendues. Pression faible à moyenne. Lorsque l'inclinaison est progressive, l'ensemble peut être très monotone. Signature et adresse apposées vers la gauche. Parfois le graphisme est extrêmement petit ou artificiel.

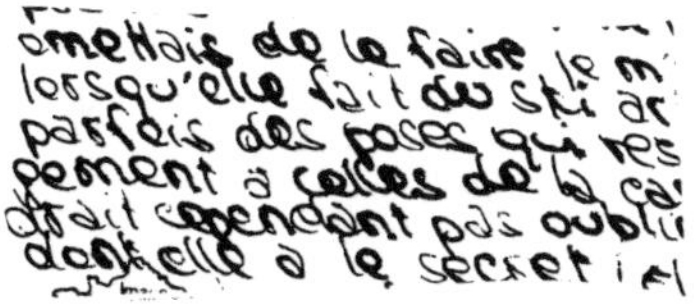

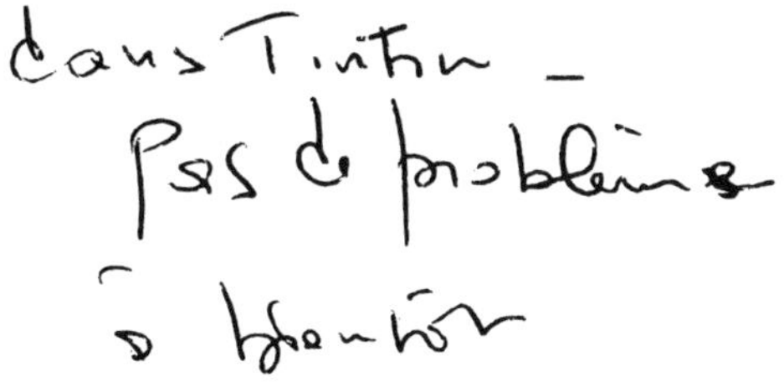

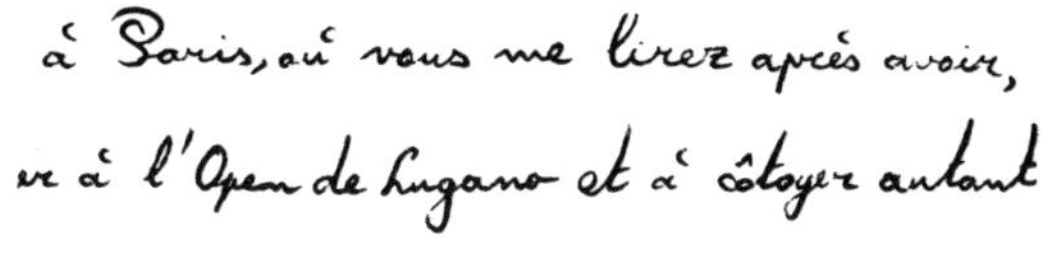

La ruse: crochets, enroulements, suspensions, mots ou lettres gladiolés, tracé filiforme, lignes sinueuses, voyelles fermées ou bouclées. Points superflus après la signature, par exemple. (Méfiance.)

La santé: pression moyenne à forte, régulière. Absence d'excès. Clarté.

La sensibilité: pression légère à moyenne, lignes sinueuses, ensemble clair, lettres juxtaposées, barres de **t** faibles, inclinaison progressive, écriture petite, rapide, en guirlandes.

La sensualité: pression forte, prédominance de la zone moyenne, tracé rond et en guirlandes, parfois mou (paresse, langueur). Absence d'angles.

La sexualité: elle se révèle essentiellement dans les jambages de la zone inférieure.

a) Jambage à boucles, sans excès. Sexualité normale (coupure de la boucle sur la ligne de base).

b) Jambages très longs à boucle. Désirs inavoués d'aventures sexuelles.

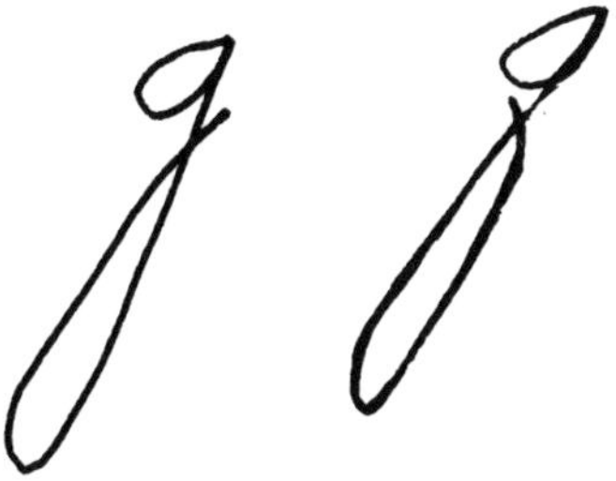

c) Jambages à boucle énorme. Sexualité exacerbée, très prononcée, et parfois tendances homosexuelles.

d) Pression spasmodique de l'ensemble du graphisme. Obsessions sexuelles (viols).

e) Sexualité ambivalente (tendances homosexuelles).

1) Jambages tordus ou en boucle ouverte régressive

2) Jambages en direction opposée

3) Traits massués, horizontaux, très longs

f) Jambages légèrement ouverts. Insatisfactions sexuelles.

g) Sexualité en régression.

1) Jambages brisés à pression faible

2) Jambages raccourcis;

3) Jambages bâtonnés, pendant mollement;

4) Jambages à petite boucle;

h) Jambages à boucle angulaire. Déceptions sexuelles.

i) Jambages de formes et de longueurs différentes dans une même écriture. Infidélité sexuelle.

La susceptibilité: elle se rencontre chez les égoïstes vaniteux qui ont une grande sensibilité et qui manquent de force; c'est courant chez le paranoïaque. L'écriture est de pression faible ou molle. Les barres de **t** sont peu marquées. Quelques hampes ou majuscules sont surélevées. Tracés régressifs. Jambages atrophiés ou pendants sans force ni boucle.

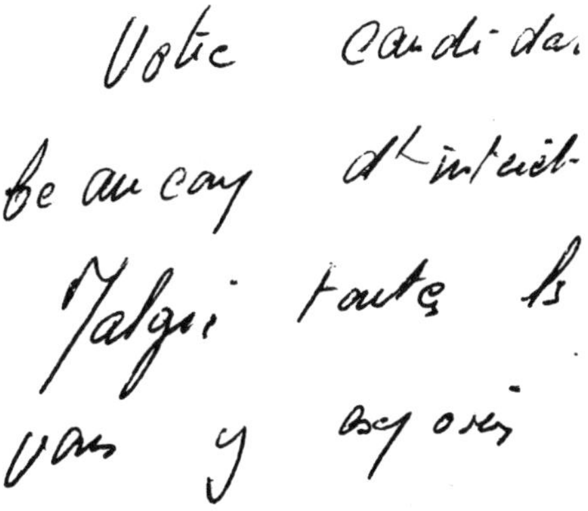

La sociabilité: lettres liées, signature près du texte, graphisme rond, absence d'angles, espaces réduits.

La timidité: écriture petite à pression faible, ponctuation précise. Lettres suspendues, lignes sinueuses, formes irrégulières, tracé brisé ou tordu, retouches, lettres gladiolées, confondues. Guirlandes.

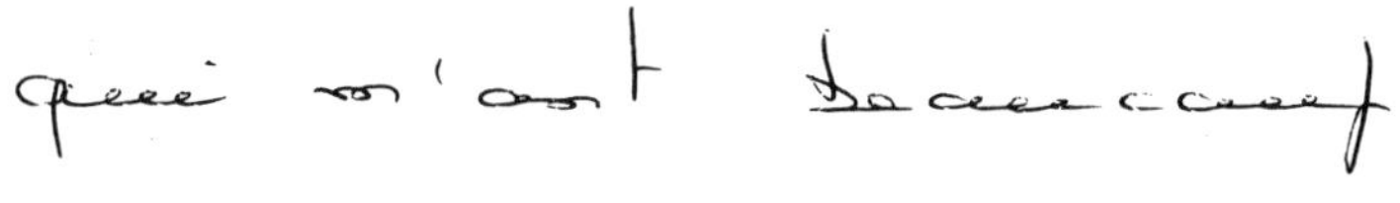

La tromperie: crochets, enroulements, lignes sinueuses, lettres suspendues, tracé filiforme, pression forte, retouches, traits anguleux ou sinistrogyres, inclinaison variable ou régressive, traits couvrants, signature et adresse écrites d'une manière très différente de la missive (voir mensonge). Voyelles tracées dans le sens inverse des aiguilles d'une montre et ouvertes en bas à droite. Mots gladiolés. Points superflus. Excès multiples.

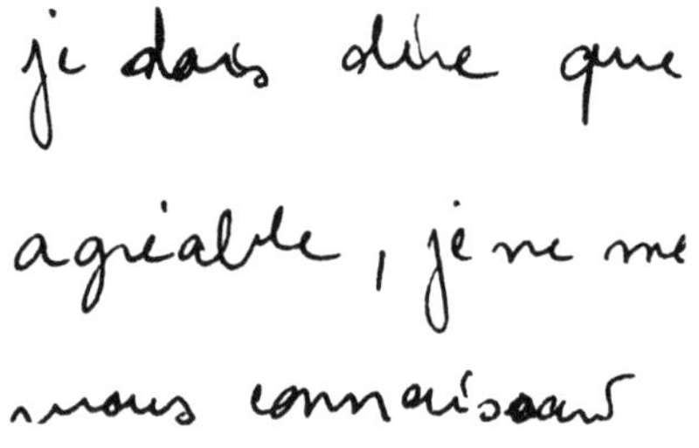

La vantardise (orgueil et vanité): surélévation des hampes et de certaines minuscules, fioritures, excès de toutes sortes. Pression forte; écriture très grande.

La volonté: lignes droites, barres de **t** appuyées, courtes et placées juste au-dessus du milieu de la hampe (ou en lasso). Pression puissante et régulière. Ligne de base horizontale. Inclinaison et forme des lettres stables. Prédominance d'angles. En présence de toutes ces qualités, la volonté peut être forte, même en l'absence de barres de **t**. Lorsque le sujet est passionné, son graphisme peut être couché vers la droite et la pression faible; dans ce cas, même sans barres de **t**, la volonté est forte.

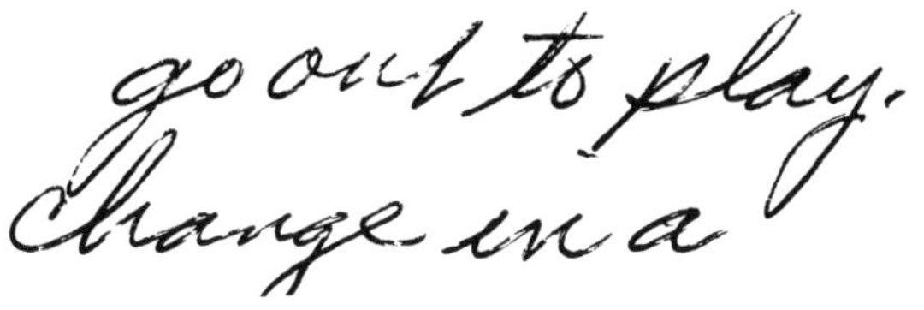

B. À la recherche d'un travail ou d'un conjoint

Dans un but professionnel ou dans votre vie privée, vous êtes obligé d'écrire une lettre à la main. Comment éviter de donner une image négative de votre personnalité? Les premiers chapitres vous ont familiarisé avec les termes techniques et leur application.

Le glossaire et la table des matières peuvent vous venir en aide en cas de défaillance de votre mémoire. Bien entendu, il n'est pas facile de changer son écriture afin de l'améliorer. N'est-elle pas le reflet exact de votre caractère? Lorsque vous allez vous efforcer de supprimer les signes néfastes ci-dessous, votre écriture sera fortement ralentie, ce qui est également mauvais et ne saurait abuser le graphologue confirmé. Comment faire? Écrire une page chaque jour avec votre manuel sur la table! Pour effacer les traits négatifs, leur signification s'imprimera petit à petit dans votre esprit et malgré vous, vous finirez par atténuer les côtés peu réjouissants de votre caractère. En même temps, avec la pratique, la vitesse du graphisme reviendra sans les défauts. Essayez!

Traits à éviter:

- l'inclinaison vers la gauche (écriture sinistrogyre);
- traits isolés lancés à gauche (traits régressifs);
- le changement d'écriture sur l'enveloppe ou dans la signature (tout doit être semblable);
- les enroulements, les crochets;
- les fioritures;
- les surélévations excessives;
- les excès en général;
- une trop grande sinuosité des lignes;
- le tracé filiforme;
- les arcades;
- une trop grande régularité (de même qu'une trop grande irrégularité, en tout);
- les retouches;
- le trait couvrant ou brisé;
- une écriture trop couchée à droite;
- une ponctuation superflue;
- l'absence de marges et d'espaces;
- la confusion des lignes, des mots et des lettres (l'ambivalence des lettres);
- l'écriture trop droite, trop figée, trop monotone ou scolaire;
- l'omission de mots ou de lettres importants.

Pour le travail en général, les qualités les plus recherchées sont:

- la fiabilité;
- l'intégrité;

- l'honnêteté;
- l'esprit d'entreprise;
- l'intelligence et la vivacité;
- les capacités d'intégration;
- l'initiative;
- la persévérance;
- la volonté et l'énergie;
- l'ambition;
- les qualités d'organisation et de direction;
- l'intelligence et la responsabilité.

Quant à la vie privée, la compatibilité dans les domaines suivants s'impose:

- sexuel;
- émotionnel;
- social;
- intellectuel.

Ainsi un candidat aux jambages longs et bouclés (forte libido) aura des difficultés à s'entendre avec un auteur aux jambages faibles, courts ou absents (libido régressive).

L'introverti dont l'écriture penche vers la gauche risque de se heurter à la longue avec un partenaire trop passionné, au graphisme pratiquement couché à droite.

Quant au sujet timide et complexé, à l'écriture fortement inhibée et minuscule, il aura du mal à vivre avec une femme extravertie, égoïste et envahissante qui couvre toute une page en écrivant quatre mots. Un homme aux tendances féminines (guirlandes, tracé mou) ne sera pas heureux avec une femme très féminine qui cherche un soutien viril. En revanche, il s'entendra bien avec une femme sportive au caractère fort. Si des traits opposés peuvent être complémentaires, ici aussi, un excès de différences risque d'être problématique à long terme. Ajoutons qu'en général, l'écriture des femmes est plus grande et appuyée que celle des hommes. Beaucoup d'intellectuels ont de petites écritures à pression moyenne ou faible.

Remarque: Notre enseignement vous a convaincu de l'aspect scientifique de la graphologie.

En tant que tueur professionnel, pyromane ou nymphomane, refusez de produire quoi que ce soit écrit de votre main.

Il est cependant difficile de vivre caché, à moins de passer votre existence sous la terre ou sous un tchador. Comment faire? C'est simple. Prenez un papier à lignes ou à carreaux et un feutre! Le graphologue le plus avisé y perdra son latin. Il est en effet difficile de faire une analyse sans pouvoir apprécier la pression et la direction. Les carreaux influencent même la forme.

Voici quelques écritures dites «incompatibles» en ce qui concerne une cohabitation intime prolongée.

1. Femme de 35 ans, professeur agrégé, sociable, affectueuse, gaie, très sensuelle avec une forte libido; extravertie. Tracé rond et progresssif, jambages prononcés à boucle (sexualité).

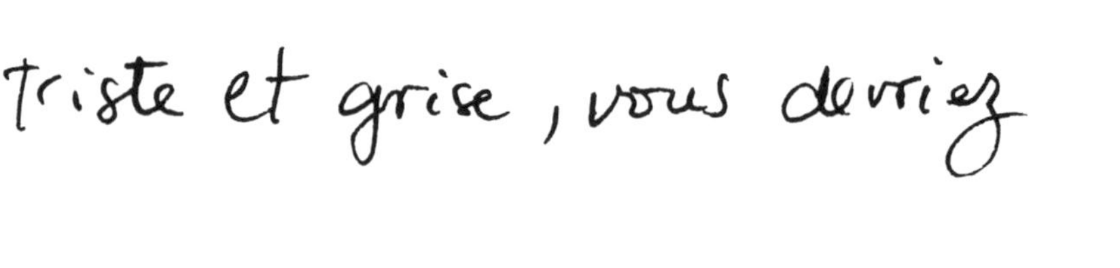

2. Homme de 40 ans, architecte, introverti à tendances ambivalentes, libido régressive (jambages atrophiés, voyelles ovalisées, traits boueux, couvrants et sinistrogyres; enroulements). Dissimulation, inhibitions, névrose latente.

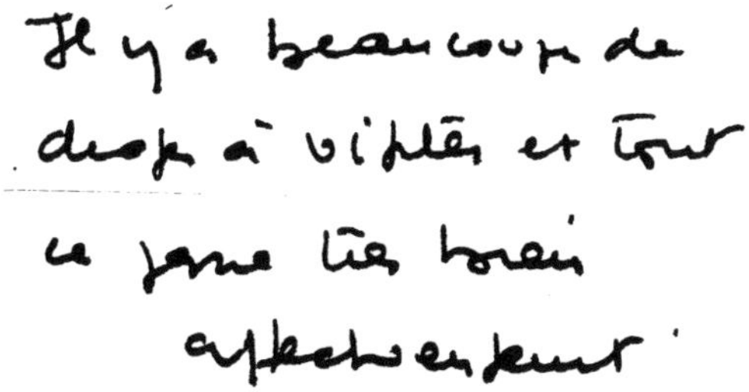

Un mariage entre ces deux personnes ne peut être conseillé, malgré leur formation intellectuelle similaire. La nature ouverte et spontanée de la jeune femme ne pourra se contenter d'un amour platonique et d'une communication uniquement verbale, à la longue; bien qu'elle puisse se sentir attirée ou fascinée par l'intelligence et les compétences professionnelles de l'architecte en question.

1. Cette jolie secrétaire de 25 ans (no 1) a une écriture assez scolaire qui révèle son manque d'éducation supérieure et de personnalité; aussi est-elle légèrement renversée, bouclées et montre quelques petits crochets. Son amabilité (rondeurs et guirlandes) est intéressée. Elle est aussi inhibée, égoïste et de caractère autoritaire (les barres de **t** abaissées et fortes). Elle aura du mal à s'entendre avec l'auteur de l'écriture no 2 qui a une libido plus forte, une éducation très poussée et qui est, lui aussi, très égoïste et autoritaire.

1.

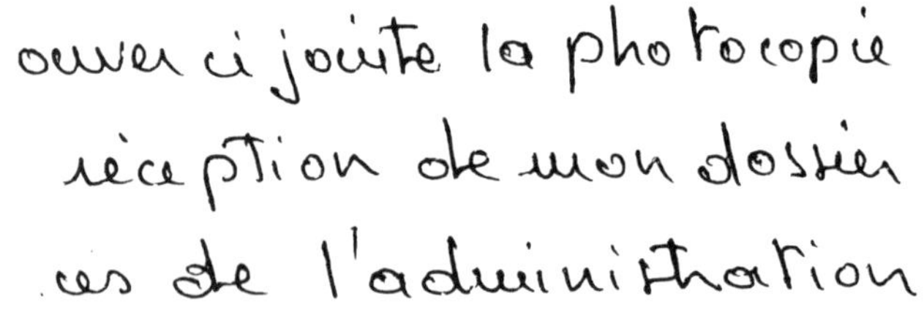

2.

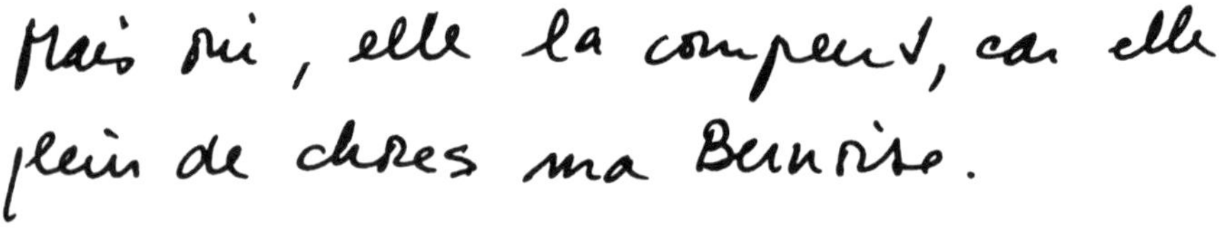

En revanche, les auteurs des deux écritures suivantes ont des possibilités d'entente de longue durée. La première appartient à l'écrivain que vous connaissez déjà (femme, 43 ans); emportée par la passion et l'ambition artistique, elle peut convenir au caractère un peu plus réaliste, doté d'une intelligence supérieure, mais non dénué de problèmes du chirurgien qui suit; n'ont-ils pas les mêmes sexualité et affectivité, comme les mêmes besoins d'indépendance.

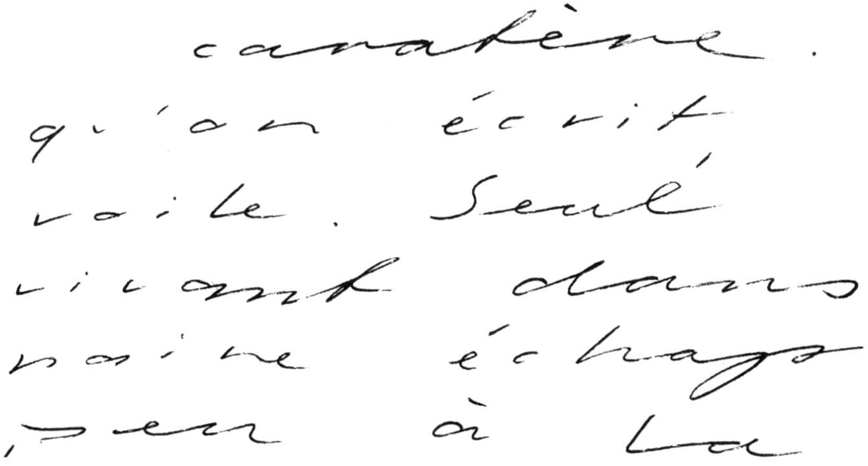

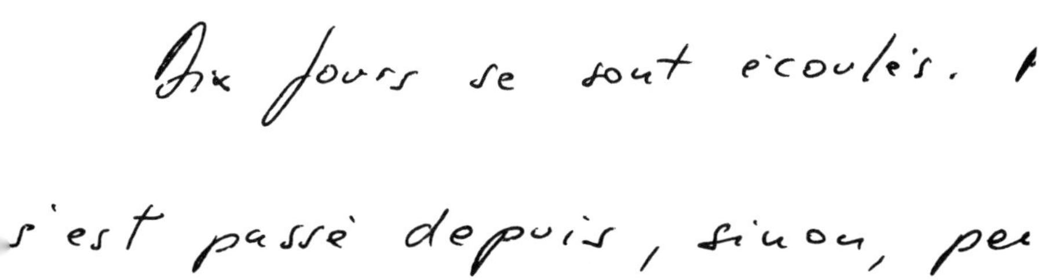

LES TESTS

Vous cherchez un professeur pour votre école privée du secondaire. Lequel choisissez-vous parmi les quatre candidats qui se présentent?

Solution à la page 294.

1.

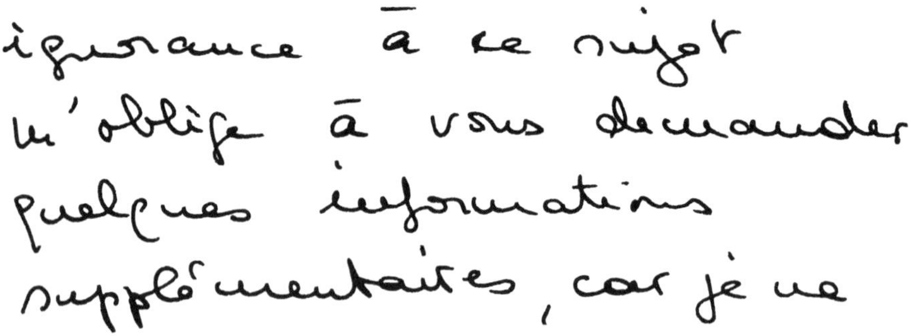

2.

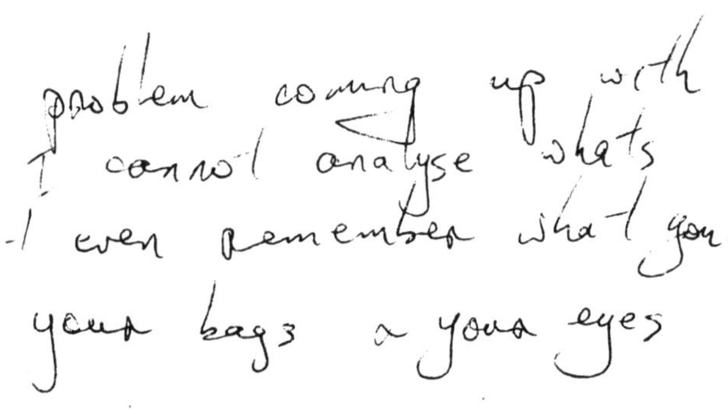

3.

Merci de vos voeux

4.

... j'ai trouvé le
jouer au tennis, m'entraîner
et du tournoi que j'ai

.

loin de cette vie insouciante
délices — des jours passés
j'ai aussi écouté avec

Vous avez un magasin de sport en montagne pour lequel vous cherchez un vendeur compétent, capable de vous remplacer de temps à autre. Quel candidat choisissez-vous? Pourquoi? Solution à la page 295.

1.

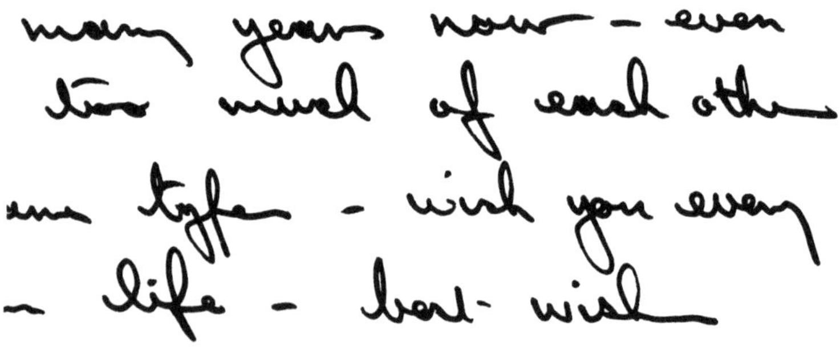

2.

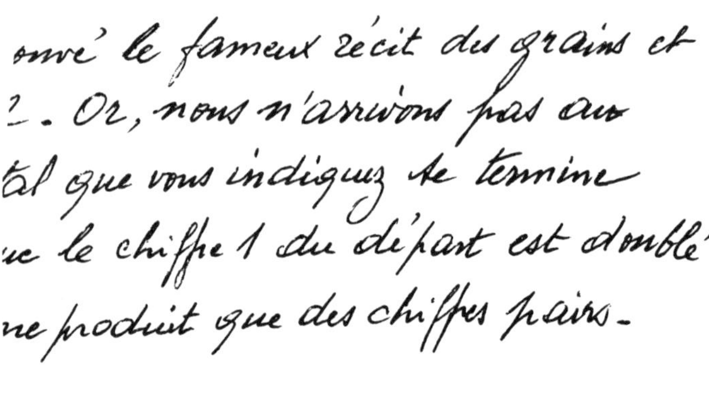

3.

Claude,

quelques nouvelles de Paris
où la pluie est très souvent

4.

à étudier suite à ma
rs d'une discussion au
. J'espère donc que
. le temps dans les

En temps que membre de la profession médicale, vous venez d'ouvrir un cabinet dans le sud-ouest de la France, lorsqu'un héritage vous oblige à vous absenter un an aux États-Unis. Aucun de vos amis ne peut vous aider. Une annonce dans le *Quotidien* vous soumet la candidature de quatre remplaçants potentiels qui ont tous les mêmes qualifications. Qui choisissez-vous? et pourquoi? Solution à la page 296.

1.

défaillants en classes, il doit intéresser par l'intelligence de ses exposés une clientèle importante de nos mondes.

2.

– Une copie de lettre du prési Desmarais accordant une médaille ceci afin de compléter mon dossier

3.

~, pour savoir si vous n'avez
nouveau concernant le jeu

4.

l'instant entre lettres
remerciements.
mant les circonstances succédé.
s ceux Cartésiens dans les
mières congrès de notre Société

Vous cherchez une secrétaire de direction. Comme vous avez étudié notre manuel, vous êtes capable de faire le bon choix entre ces quatre candidates. Solution sur la page 297.

1.

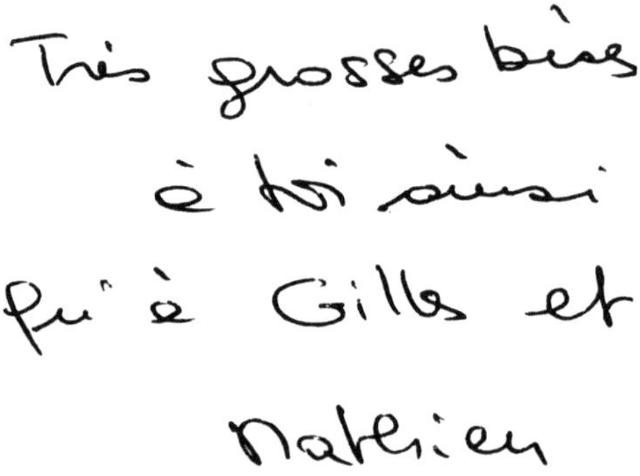

2.

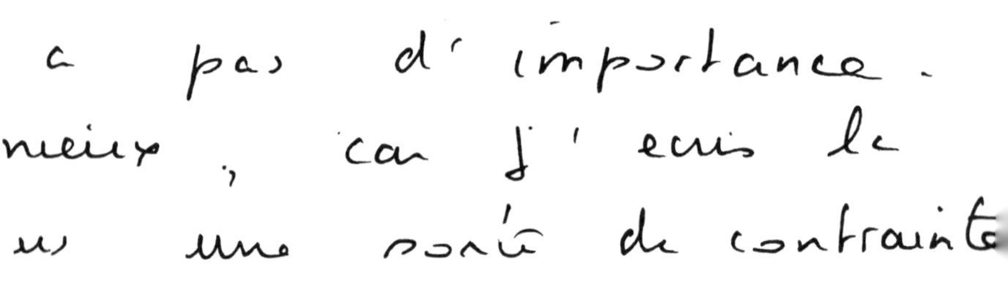

3.

certitude un
croire au destin
est le fruit de
"facteurs" et

4.

irritée et je pense que vous
aider. L'écriture en fuite de
eva peut-être quelques idées ;
a un secret dit le moi
très impatiente.

Vous chechez un directeur pour réorganiser le département financier d'outre-mer de votre multinationale cotée en bourse. C'est un poste de responsabilité hautement rémunéré et, en tant que chef du personnel, vous avez fait appel à un graphologue. Afin de compliquer votre tâche et de mettre votre perspicacité à l'épreuve, nous ne vous donnons que des petits extraits de ces quatre candidats. Quelle écriture choisiriez-vous et pourquoi?
Solution à la page 298.

1.

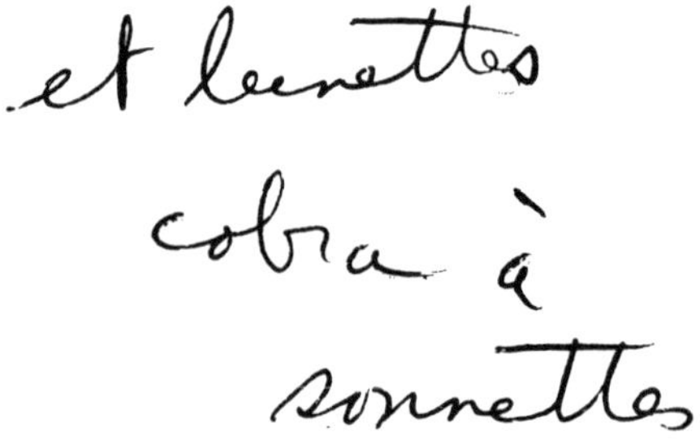

2.

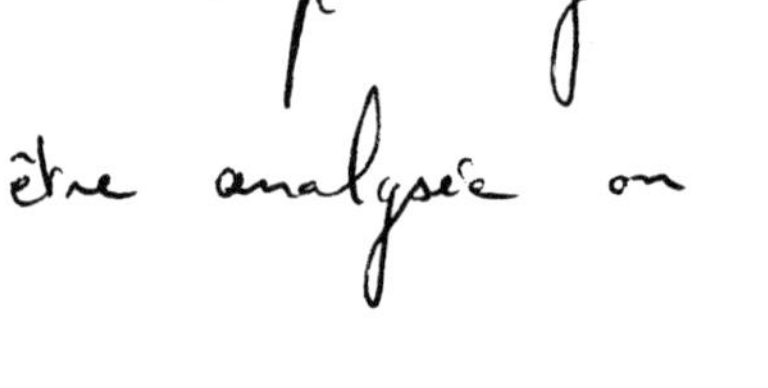

3.

Très chère Claude

Je viens de passer

4.

bit of energy in
smile or two —
new way of life

Test de la page 284

Solution pour le choix d'un professeur de l'enseignement libre; brève analyse des écritures présentées.

1. Intelligent, cultivé, sensuel, matérialiste, égoïste, aimable et sociable par intérêt, inhibé; dissimulation, diplomatie, mensonge, esprit analytique.
2. Intuitif (esprit fin), hypersensible; problèmes sexuels et sentimentaux, ambitions élevées, chimériques, manque de volonté; confusion d'esprit, imagination, intuition, mensonge, santé médiocre, manque d'autorité.
3. Intelligent, cultivé, diplomate, manque d'autorité et d'ambition; capacité de dissimuler, complexe d'infériorité.
4. Ambitieux, autoritaire, cultivé, égoïste, esprit analytique et intuitif, indépendant, volonté et libido fortes, bon équilibre, esprit critique et caustique, diplomate.

Le bon choix semble être le numéro quatre.

Test de la page 286

Solution: analyse succinte des écritures des quatre candidats pour le poste de vendeur.

1. Sujet très inhibé; malgré sa bonne santé et son sens de l'humour, il manque d'ambition, repousse la société et se complaît dans l'égoïsme et la rancune; capacités manuelles.
2. Organisé, loyal, ambitieux, travailleur, matérialiste, équilibré, persévérant et en bonne santé, rigoureux au point de vue professionnel, parfois dur.
3. Aimable, sociable, égoïste, esprit critique et pratique, manuel, équilibré.
4. Blocage intellectuel et physique, égoïste, matérialiste, sensuel.

Comme vous le savez déjà, les écritures régressives (penchées vers la gauche) sont toujours plus ou moins négatives. En l'occurrence vous pouvez hésiter entre le deux et le trois. Le deux est un employé plus consciencieux et efficace que le numéro trois. En revanche le trois est certainement plus aimable et doux. Comme le vendeur en question sera investi de grandes responsabilités lors de vos absences, **nous vous conseillons le numéro deux.**

Test de la page 288

Solution: analyse graphologique des quatre candidats.

1. Intelligent, cultivé, nerveux, intuitif, esprit critique, instable, emporté, coléreux.
2. Travailleur, perfectionniste, enthousiaste; insatisfactions psychiques et physiques, manque d'imagination, esprit analytique, sens de l'organisation, absence d'intuition et de psychologie.
3. Intelligent, cultivé, esprit critique et analytique, diplomate, optimiste, problèmes sexuels, caractère instable.
4. Intelligent, cultivé, ambitieux, organisé; grande maturité, bonne santé psychique et physique, ténacité et loyauté.

Votre choix s'arrêtera sur le numéro quatre qui semble présenter plus de garanties.

Test de la page 290

Solution: brève analyse des sujets.

1. Blocage intellectuel et physique, ambitions mondaines et matérielles, paresse intellectuelle, égoïsme, culture et intelligence limitées.
2. Grande intelligence et culture, intuition, indépendance, instabilité.
3. Esprit critique et de révolte, problèmes sexuels.
4. Équilibre physique et psychique, caractère stable, loyal, sociable, ambitions limitées, esprit analytique, sens de l'organisation et de l'ordre.

Si le poste d'une secrétaire de direction est honorable, il ne permet guère d'autres promotions dans l'immédiat; c'est pourquoi l'écriture du numéro deux, qui est pourtant la plus évoluée, ne peut pas convenir. **Notre choix désigne le numéro quatre.** Elle sera ponctuelle, soumise et fidèle.

Test de la page 292

Solution: analyse succincte des quatre écritures.

1. Intelligent, cultivé, enthousiaste, emporté, primesautier, instable, en bonne santé, esprit critique et analytique, ambitieux.

2. Intelligent, cultivé, équilibré, persévérant, diplomate, esprit analytique et bonne mémoire, stable de caractère (maturité). Santé robuste et libido normale.
3. Intelligent, cultivé, persévérant, imaginatif, ambitieux, excessif, extravagant.

4. Intelligence limitée, dissimulation, tendances malhonnête, problèmes sexuels.

Le choix du numéro deux s'impose. C'est un homme d'une trentaine d'années, diplômé des Hautes Études Commerciales.

Test de mariage ou de cohabitation.

Choisissez les couples qui ont des chances de s'entendre. Solution à la page suivante.

Femmes

1. excuser pour avoir
vous répondre. Nous

2. wieder nach Paris mitnehmen
auch das wurde vergessen.

3. les semaines.
Il paraît que

4. Avec amitié, à bientôt

5. be long to have your
husband be coming

6. if you are there. After
has to play in Jugoslavia

Hommes

1. Echecs Français pour peu que

2. Bien que nous ayons

3. madame que je ne pouvais
tous les livres que je possède. Il
il a une autre vie sur la terre

4. my weekly article in the

5. ceci est insuffisant pour
grande championne d'échec

6. Troisième étage, [illegible]
okay. Mais pas au [illegible]

Solution du test concernant le mariage ou la cohabitation avec une personne du sexe opposé.

Comptez six points pour chaque réponse juste

1 – 3
2 – 1
3 – 2
4 – 6
5 – 4
6 – 5

36 points: vous êtes un graphologue confirmé (ou vous avez triché en recherchant les mêmes graphismes dans les chapitres précédents, ce qui est également bénéfique pour vos progrès);

30 points: vous êtes très doué;

24 points: vous êtes assez doué;

18 points: il reste des progrès à faire;

12 points: le test vous intéresse peu, car vous voulez rester; célibataire;

6 points: relisez le manuel;

0 point: vous êtes hostile au mariage et à la graphologie.

Voici les professions des candidats concernant le test précédent.

Femmes:

1. directrice de collection littéraire;
2. jeune bourgeoise, sans profession;
3. professeur de lettres, écrivain;
4. jeune bourgeoise, psychanalyste dipl.;
5. jeune femme très cultivée de la haute société, s'occupe d'oeuvres;
6. riche héritière, étudie la psychologie.

Hommes:

1. professeur de biologie;
2. dentiste;
3. directeur d'une société littéraire;
4. champion d'échecs, journaliste;
5. directeur d'une grande soc. de programmation d'informatique;
6. éditeur (directeur de collection littéraire).

Rassemblez-les à présent selon les résultats.

Testez-vous!

Souvent, un signe particulier nous frappe chez un inconnu; la même chose peut se produire à l'examen de son écriture. S'il est spécialement aimable et généreux, cela se verra immédiatement dans son graphisme, même lorsque ce dernier se réduit à un ou deux mots. Nous allons tester la précision de vos observations. Mettez une croix dans la case correspondante. Le sujet est:

Test I

1. 

- malhonnête ☐ 1
- a le sens de l'humour ☐ 2
- nonchalant ☐ 3

2. 

- hypocrite ☐ 1
- ambitieux ☐ 2
- matérialiste ☐ 3

3. 

- frustré ☐ 1
- inhibé ☐ 2
- envieux ☐ 3

4. 

- malade ☐ 1
- déprimé ☐ 2
- joyeux ☐ 3

5. 

- calme ☐ 1
- avisé en affaires ☐ 2
- indifférent ☐ 3

6. C'est comme ça

timide ☐ 1
arriviste ☐ 2
épuisé ☐ 3

7. Châteauguay

manuel ☐ 1
intellectuel ☐ 2
paresseux ☐ 3

8. Anita

cultivé ☐ 1
primaire ☐ 2
sportif ☐ 3

9. Plans for

en bonne santé ☐ 1
affaibli ☐ 2
malade ☐ 3

10. Santoy

extraverti ☐ 1
diplomate ☐ 2
dissimulateur ☐ 3

11. Madame

fourbe ☐ 1
menteur ☐ 2
mythomane ☐ 3

12. 

spontané ☐ 1
inhibé ☐ 2
introverti ☐ 3

13.

sens des responsabilités ☐ 1
libido en régression ☐ 2
libido absente ☐ 3

14.

nymphomane ☐ 1
sensuel ☐ 2
affectueux ☐ 3

15.

loyal ☐ 1
actif ☐ 2
persévérant ☐ 3

16.

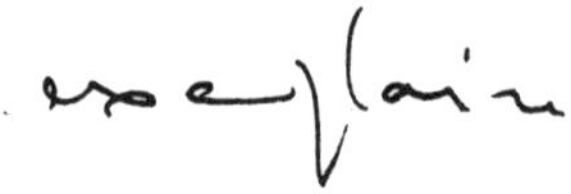

nerveux ☐ 1
calme ☐ 2
apathique ☐ 3

17.

peureux ☐ 1
prudent ☐ 2
timide ☐ 3

18.

bisexuel ☐ 1
complexe d'infériorité ☐ 2
coléreux ☐ 3

19. 

travailleur ☐ 1
nerveux ☐ 2
insatisfait ☐ 3

20. 

angoissé ☐ 1
complexe de culpabilité ☐ 2
schizophrène ☐ 3

Solutions page 313.

Test II

Mettez une croix dans la case choisie!
L'auteur du mot suivant est:

1. 

volontaire ☐ 1
velléitaire ☐ 2
malade ☐ 3

2. 

paresseux ☐ 1
égoïste ☐ 2
malhonnête ☐ 3

3. 

généreux ☐ 1
agressif ☐ 2
menteur ☐ 3

4.

pour collaboration.

actif ☐ 1
paresseux ☐ 2
apathique ☐ 3

5.

en avant-première

persévérant ☐ 1
diplomate ☐ 2
déloyal ☐ 3

6.

temps avez

inhibé, égocentrique ☐ 1
esprit vif ☐ 2
honnête ☐ 3

7.

Je vous embrasse

sensuel ☐ 1
homosexuel ☐ 2
infidèle ☐ 3

8.

as you say
lonely

sujet à: libido forte ☐ 1
libido faible ☐ 2
libido régressive ☐ 3

9.

semble se prolonger.

généreux ☐ 1
avare ☐ 2
matérialiste ☐ 3

10.

j'apprends par les journaux
les difficultés auxquelles le

ambitieux ☐ 1
fourbe ☐ 2
stupide ☐ 3

11.

matérialiste	☐	1
passionné	☐	2
névrosé	☐	3

12.

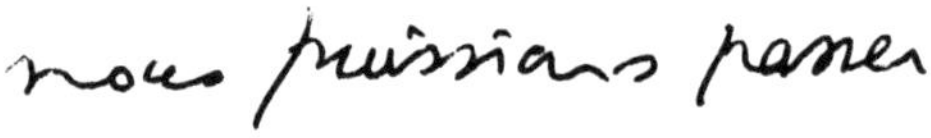

déprimé	☐	1
optimiste	☐	2
matérialiste	☐	3

13.

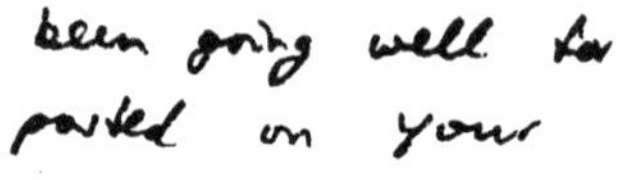

le sujet a l'esprit analytique	☐	1
manuel	☐	2
cultivé	☐	3

14.

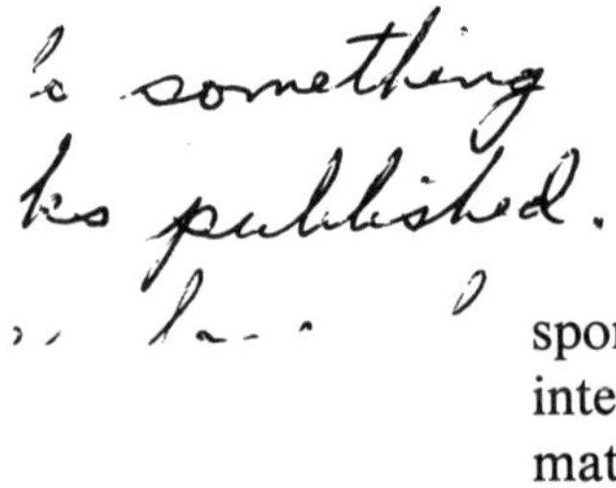

sportif	☐	1
intellectuel	☐	2
matérialiste	☐	3

15.

mainly for

le sujet a de l'imagiantion	☐	1
de l'intuition	☐	2
est fataliste	☐	3

16.

En ce moment je suis
petit Quebec qui se t
rue de la Croix Nivert.

refoulé	☐	1
aimable	☐	2
hypocrite	☐	3

17.

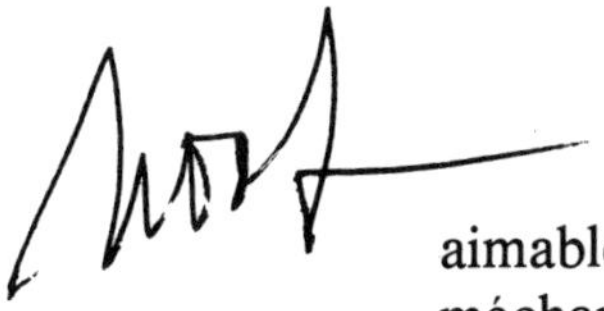

aimable	☐	1
méchant	☐	2
rancunier	☐	3

18.

aigri ☐ 1
instable ☐ 2
coléreux ☐ 3

19.

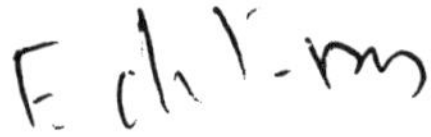

le sujet a l'esprit confus ☐ 1
le sujet est organisé ☐ 2
déséquilibré ☐ 3

20.

nerveux ☐ 1
calme ☐ 2
emporté ☐ 3

Solutions page 313 .

Tableau des solutions

un point par solution juste

Test I

Problème numéro	carré no 1	carré no 2	carré no 3
1	–	•	–
2	–	–	•
3	–	–	•
4	–	•	–
5	–	•	–
6	•	–	–
7	•	–	–
8	–	•	–
9	•	–	–
10	–	–	•
11	•	–	–
12	–	•	–
13	•	–	–
14	–	•	–
15	–	–	•
16	•	–	–
17	–	•	–
18	•	–	–
19	•	–	–
20	•	–	–
total de vos points			

Test II

Problème numéro	carré no 1	carré no 2	carré no 3
1	•	–	–
2	•	–	–
3	–	–	•
4	–	•	–
5	–	•	–
6	•	–	–
7	•	–	–
8	•	–	–
9	•	–	–
10	–	•	–
11	–	•	–
12	–	–	•
13	•	–	–
14	•	–	–
15	–	•	–
16	–	–	•
17	–	•	–
18	–	•	–
19	–	–	•
20	–	–	•
total de vos points			

18-20 points: excellent / 10-17 points: assez bien / 0-9 points: relisez le manuel!

Conclusion

Vous avez absorbé notre manuel sans trop de difficultés et c'est le moment de descendre dans l'arène et d'affronter la réalité. Ayez toujours du papier blanc et un stylo à bille pas trop pointu sur vous; les écritures de vos amis vous sont déjà familières; ne les avez-vous pas utilisées, selon nos conseils, pendant toute l'étude de cet ouvrage? D'ailleurs, il se peut que votre entourage reste sceptique. Chacun vous connaît depuis de longues années et ne se fait plus d'illusions sur vos compétences et vos limites. Aussi doutent-ils que vous puissiez subitement émerger de la confusion absolue dans laquelle se débat le commun des mortels depuis son plus jeune âge. Ne discutez pas avec eux, mais mettez-les à l'épreuve! Qu'ils vous présentent un nouveau venu que vous n'avez jamais vu. Il vous suffira de connaître l'âge, le sexe et la profession du candidat. Rapidement il écrira une courte lettre à votre intention. Exigez l'adresse sur une enveloppe et le dessin d'un serpent de l'autre côté! Procédez comme vous avez l'habitude de le faire. Les traits marquants de son caractère ressortiront sans peine, et tout ce qui ressort n'est plus une tendance mais un fait réel. Dites-lui ce qui est positif avant d'entamer les critiques. Si vous voyez qu'il est très sensible et susceptible, anesthésiez-le d'abord en enrobant les défauts graves en synonymes sibyllins dont il cherchera le sens exact dans le Littré.

À ceux qui prétendront que chaque pays a son graphisme spécifique, vous rétorquerez que c'est vrai en ce qui concerne l'enseignement initial, mais que très vite le caractère reprend le dessus et empreint l'ensemble de l'écriture. Ainsi il n'existe pas deux graphismes pareils. Même aux États-Unis où il est coutume d'utiliser des lettres typographiques, les petits détails, que vous avez appris à voir, ressortent et vous permettent d'analyser le sujet. Les analyses les moins satisfaisantes et les plus difficiles à faire sont celles des enfants. Comme ils sont en pleine évolution, tout change constamment chez eux; à l'époque de leur puberté, il arrive même que le nombre de traits sinistrogyres dépassent ceux de l'être le plus fourbe. Chez l'adolescent, cela n'a pratiquement pas de signification et ce n'est en aucun cas négatif. À moins d'avoir affaire à des enfants malades, il est préférable de vous limiter aux adultes.

Table des Matières

Introduction: Histoire et Réalité 7

CHAPITRE PREMIER

A. Le matériel 13
B. Les zones psychologiques 14
C. L'analyse 15

I. La disposition 16
a) les marges 16
b) l'espace supérieur de la lettre 17
c) l'espace inférieur de la lettre 17
d) l'écriture centralisée 17
e) absence de marges et d'espaces 17
f) les espaces entre les lignes et entre les mots 17

II. La direction 20
a) inclinaison des mots et des lettres 20
b) inclinaison des lignes 24

III. La rapidité par rapport à l'harmonie 28

IV. La dimension 32
a) dimension normale 33
b) dimension grande 33
c) dimension très grande 34
d) dimension petite 35
e) dimension très petite 35
f) dimension qui diminue à la fin des mots 36
g) dimension qui diminue à l'intérieur des mots ... 36
h) dimension qui augmente à la fin des mots 36

V. La pression 37
a) forte 37
b) moyenne 38
c) faible 38
d) variable 39
e) interrompue ou fragmentée 39

VI. La forme 49
a) les espèces 50
1. l'écriture ronde 50
2. l'écriture anguleuse 53
3. forme surélevée ou trop ornée 55
4. l'écriture filiforme 56
b) particularités de la forme 58
1. hampes et jambages 58
2. liaisons 60
3. entames et finales 64
4. ponctuation 71
5. signature 73
6. adresse 75

VII. L'alphabet 78
Les majuscules 79
Les minuscules 103

CHAPITRE II

A. Glossaire des principaux termes techniques 139
écriture: • acérée 139
• anguleuse 139
• arquée 140
• bâtonnée 140
• boueuse 141
• brisée 141
• chevauchante 142
• concave 142
• convexe 143
• confuse 143
• conventionnelle 143
• discordante 144
• enchevêtrée 144
• filiforme 144
• floue 144
• fuselée 145
• gladiolée 145
• harmonieuse 145
• inharmonieuse 145
• en guirlandes 145
• inachevée 145
• inhibée 146
• jambages et hampes 146
• jointoyée 146
• juxtaposée 146
• lancée 147
• massuée 147
• ovalisée 148
• pâteuse 147
• progressive 148
• régressive, (renversée, à rebours, sinistrogyre) 148

• retouchée 148
• rythmée 149
• sinueuse 149
• surélevée 150
• suspendue 150
• tordue 150
• à volutes 150
Illustration du glossaire par les exercices 152

B. Interaction de l'ensemble 158
L'utilisation du dessin 161
Le serpent 161
Les six carrés 164

C. L'application générale 184
Exercices progressifs 185

CHAPITRE III

A. comment déceler les différents traits de caractère 227

• activité 227
• affectivité 228
• analyse (esprit analytique) 228
• agressivité 228
• ambition 229
• assurance 229
• avarice 229
• bonté 231
• boulimie 231
• caractère influençable 232
• colère 232
• concentration 232
• confusion d'esprit 233

- criminalité 233
- créativité 240
- curiosité intellectuelle 240
- diplomatie 241
- discrétion 241
- douceur 241
- droiture 241
- égoïsme 242
- égocentrisme 243
- émotivité 244
- entêtement 244
- enthousiasme 245
- esprit critique 245
- fidélité 245
- fierté 245
- finesse 246
- folie 246
- force 246
- franchise 246
- froideur 247
- générosité 247
- homosexualité 247
- humour 248
- imagination 248
- indécision 249
- indépendance 249
- instabilité 250
- intelligence 250
- inhibitions 250
- impulsivité 251
- libido 251
- intuition 251
- jalousie 251
- maladies (physiques et psychiques) 252
  a) santé physique 252

b) maladies mentales 256
- matérialisme 266
- méfiance 266
- mensonge 267
- optimisme 267
- paresse 267
- passion 267
- perfectionnisme 268
- persévérance 268
- pessimisme 268
- prodigalité 268
- refoulement 269
- ruse 269
- santé 270
- sensibilité 270
- sensualité 270
- sexualité 270
- susceptibilité 275
- sociabilité 275
- timidité 275
- tromperie 276
- vantardise 276
- volonté 277

B. À la recherche d'un travail ou d'un conjoint 277
Traits à éviter (exemples) 278
Tests (professions, mariages, aptitudes graphologiques) 284

Conclusion 315

Lithographié au Canada
sur les presses de
Métropole Litho Inc.

Ouvrages parus aux ÉDITIONS DE L'HOMME

sans * pour l'Amérique du Nord seulement
*** pour l'Europe et l'Amérique du Nord**
**** pour l'Europe seulement**

ALIMENTATION — SANTÉ

Allergies, Les, Dr Pierre Delorme
* **Cellulite, La,** Dr Jean-Paul Ostiguy
Conseils de mon médecin de famille, Les, Dr Maurice Lauzon
Contrôler votre poids, Dr Jean-Paul Ostiguy
Diététique dans la vie quotidienne, La, Louise Lambert-Lagacé
Face-lifting par l'exercice, Le, Senta Maria Rungé
* **Guérir ses maux de dos,** Dr Hamilton Hall
* **Maigrir en santé,** Denyse Hunter
* **Maigrir, un nouveau régime de vie,** Edwin Bayrd
Massage, Le, Byron Scott
Médecine esthétique, La, Dr Guylaine Lanctôt
* **Régime pour maigrir,** Marie-Josée Beaudoin
* **Sport-santé et nutrition,** Dr Jean-Paul Ostiguy
* **Vivre jeune,** Myra Waldo

ART CULINAIRE

Agneau, L', Jehane Benoit
Art d'apprêter les restes, L', Suzanne Lapointe
* **Art de la cuisine chinoise, L',** Stella Chan
Art de la table, L', Marguerite du Coffre
Boîte à lunch, La, Louise Lambert-Lagacé
Bonne table, La, Juliette Huot
Brasserie la Mère Clavet vous présente ses recettes, La, Léo Godon
Canapés et amuse-gueule
101 omelettes, Claude Marycette
Cocktails de Jacques Normand, Les, Jacques Normand
Confitures, Les, Misette Godard
* **Congélation des aliments, La,** Suzanne Lapointe
* **Conserves, Les,** Soeur Berthe
* **Cuisine au wok, La,** Charmaine Solomon
Cuisine chinoise, La, Lizette Gervais
Cuisine de Maman Lapointe, La, Suzanne Lapointe
Cuisine de Pol Martin, La, Pol Martin
Cuisine des 4 saisons, La, Hélène Durand-LaRoche
* **Cuisine du monde entier, La,** Jehane Benoit
Cuisine en fête, La, Juliette Lassonde
Cuisine facile aux micro-ondes, Pauline Saint-Amour
* **Cuisine micro-ondes, La,** Jehane Benoit
Desserts diététiques, Claude Poliquin
Du potager à la table, Paul Pouliot, Pol Martin
En cuisinant de 5 à 6, Juliette Huot
* **Faire son pain soi-même,** Janice Murray Gill
* **Fèves, haricots et autres légumineuses,** Tess Mallos
Fondue et barbecue
* **Fondues et flambées de Maman Lapointe,** S. et L. Lapointe
Fruits, Les, John Goode
Gastronomie au Québec, La, Abel Benquet
Grande cuisine au Pernod, La, Suzanne Lapointe
Grillades, Les
* **Guide complet du barman, Le,** Jacques Normand
Hors-d'oeuvre, salades et buffets froids, Louis Dubois

Légumes, Les, John Goode
Liqueurs et philtres d'amour, Hélène Morasse
Ma cuisine maison, Jehane Benoit
Madame reçoit, Hélène Durand-LaRoche
* **Menu de santé,** Louise Lambert-Lagacé
Pâtes à toutes les sauces, Les, Lucette Lapointe
Pâtisserie, La, Maurice-Marie Bellot
Petite et grande cuisine végétarienne, Manon Bédard
Poissons et crustacés
Poissons et fruits de mer, Soeur Berthe
* **Poulet à toutes les sauces, Le,** Monique Thyraud de Vosjoli
Recettes à la bière des grandes cuisines Molson, Les, Marcel L. Beaulieu
Recettes au blender, Juliette Huot
Recettes de gibier, Suzanne Lapointe
Recettes de Juliette, Les, Juliette Huot
Recettes pour aider à maigrir, Dr Jean-Paul Ostiguy
Robot culinaire, Le, Pol Martin
Sauces pour tous les plats, Huguette Gaudette, Suzanne Colas
* **Techniques culinaires, Les,** Soeur Berthe
* **Une cuisine sage,** Louise Lambert-Lagacé
Vins, cocktails et spiritueux, Gilles Cloutier
Y'a du soleil dans votre assiette, Francine Georget

DOCUMENTS — BIOGRAPHIES

Art traditionnel au Québec, L', M. Lessard et H. Marquis
Artisanat québécois, T. I, Cyril Simard
Artisanat québécois, T. II, Cyril Simard
Artisanat québécois, T. III, Cyril Simard
Bien pensants, Les, Pierre Berton
Charlebois, qui es-tu? Benoît L'Herbier
Comité, Le, M. et P. Thyraud de Vosjoli
Daniel Johnson, T. I, Pierre Godin
Daniel Johnson, T. II, Pierre Godin
Deux innocents en Chine Rouge, Jacques Hébert, Pierre E. Trudeau
Duplessis, l'ascension, T. I, Conrad Black
Duplessis, le pouvoir, T. II, Conrad Black
Dynastie des Bronfman, La, Peter C. Newman
Écoles de rang au Québec, Les, Jacques Dorion
* **Ermite, L',** T. Lobsang Rampa
Establishment canadien, L', Peter C. Newman
Fabuleux Onassis, Le, Christian Cafarakis
Filière canadienne, La, Jean-Pierre Charbonneau
Frère André, Le, Micheline Lachance
Insolences du frère Untel, Les, Frère Untel
Invasion du Canada L', T. I, Pierre Berton
Invasion du Canada L', T. II, Pierre Berton
John A. Macdonald, T. I, Donald Creighton
John A. Macdonald, T. II, Donald Creighton
Lamia, P.L. Thyraud de Vosjoli
Magadan, Michel Solomon
Maison traditionnelle au Québec, La, M. Lessard, G. Vilandré
Mammifères de mon pays, Les, St-Denys-Duchesnay-Dumais
Masques et visages du spiritualisme contemporain, Julius Evola
Mastantuono, M. Mastantuono, M. Auger
Mon calvaire roumain, Michel Solomon
Moulins à eau de la vallée du St-Laurent, Les, F. Adam-Villeneuve, C. Felteau
Mozart raconté en 50 chefs-d'oeuvre, Paul Roussel
Nos aviateurs, Jacques Rivard
Nos soldats, George F.G. Stanley
Nouveaux Riches, Les, Peter C. Newman
Objets familiers de nos ancêtres, Les, Vermette, Genêt, Décarie-Audet
Oui, René Lévesque
* **OVNI,** Yurko Bondarchuck
Papillons du Québec, Les, B. Prévost et C. Veilleux
Patronage et patroneux, Alfred Hardy
Petite barbe, j'ai vécu 40 ans dans le Grand Nord, La, André Steinmann
* **Pour entretenir la flamme,** T. Lobsang Rampa
Prague, l'été des tanks, Desgraupes, Dumayet, Stanké
Prince de l'Église, le cardinal Léger, Le, Micheline Lachance

Provencher, le dernier des coureurs de bois, Paul Provencher
Réal Caouette, Marcel Huguet
Révolte contre le monde moderne, Julius Evola
Struma, Le, Michel Solomon
Temps des fêtes au Québec, Le, Raymond Montpetit
Terrorisme québécois, Le, Dr Gustave Morf
* **Treizième chandelle, La,** T. Lobsang Rampa
Troisième voie, La, Me Emile Colas
Trois vies de Pearson, Les, J.-M. Poliquin, J.R. Beal
Trudeau, le paradoxe, Anthony Westell
Vizzini, Sal Vizzini
Vrai visage de Duplessis, Le, Pierre Laporte

ENCYCLOPÉDIES

Encyclopédie de la chasse au Québec, Bernard Leiffet
Encyclopédie de la maison québécoise, M. Lessard, H. Marquis
* **Encyclopédie de la santé de l'enfant, L',** Richard I. Feinbloom
Encyclopédie des antiquités du Québec, M. Lessard, H. Marquis
Encyclopédie des oiseaux du Québec, W. Earl Godfrey
Encyclopédie du jardinier horticulteur, W.H. Perron
Encyclopédie du Québec, vol. I, Louis Landry
Encyclopédie du Québec, vol. II, Louis Landry

ENFANCE ET MATERNITÉ

* **Aider son enfant en maternelle et en 1ère année,** Louise Pedneault-Pontbriand
* **Aider votre enfant à lire et à écrire,** Louise Doyon-Richard
Avoir un enfant après 35 ans, Isabelle Robert
* **Comment avoir des enfants heureux,** Jacob Azerrad
Comment amuser nos enfants, Louis Stanké
* **Comment nourrir son enfant,** Louise Lambert-Lagacé
* **Découvrez votre enfant par ses jeux,** Didier Calvet
Des enfants découvrent l'agriculture, Didier Calvet
* **Développement psychomoteur du bébé, Le,** Didier Calvet
* **Douze premiers mois de mon enfant, Les,** Frank Caplan
Droits des futurs parents, Les, Valmai Howe Elkins
* **En attendant notre enfant,** Yvette Pratte-Marchessault
Enfant unique, L', Ellen Peck
* **Éveillez votre enfant par des contes,** Didier Calvet
* **Exercices et jeux pour enfants,** Trude Sekely
Femme enceinte, La, Dr Robert A. Bradley
Futur père, Yvette Pratte-Marchessault
* **Jouons avec les lettres,** Louise Doyon-Richard
* **Langage de votre enfant, Le,** Claude Langevin
Maman et son nouveau-né, La, Trude Sekely
Merveilleuse histoire de la naissance, Dr Lionel Gendron
Pour bébé, le sein ou le biberon, Yvette Pratte-Marchessault
Pour vous future maman, Trude Sekely
* **Préparez votre enfant à l'école,** Louise Doyon-Richard
* **Psychologie de l'enfant, La,** Françoise Cholette-Pérusse
* **Tout se joue avant la maternelle,** Isuba Mansuka
* **Trois premières années de mon enfant, Les,** Dr Burton L. White
* **Une naissance apprivoisée,** Edith Fournier, Michel Moreau

LANGUE

Améliorez votre français, Jacques Laurin
* **Anglais par la méthode choc, L',** Jean-Louis Morgan

Corrigeons nos anglicismes, Jacques Laurin
* **J'apprends l'anglais,** G. Silicani et J. Grisé-Allard
Notre français et ses pièges, Jacques Laurin
Petit dictionnaire du joual au français, Augustin Turennes
Verbes, Les, Jacques Laurin

LITTÉRATURE

Adieu Québec, André Bruneau
Allocutaire, L', Gilbert Langlois
Arrivants, Les, collaboration
Berger, Les, Marcel Cabay-Marin
Bigaouette, Raymond Lévesque
Carnivores, Les, François Moreau
Carré St-Louis, Jean-Jules Richard
Centre-ville, Jean-Jules Richard
Chez les termites, Madeleine Ouellette-Michalska
Commettants de Caridad, Les, Yves Thériault
Danka, Marcel Godin
Débarque, La, Raymond Plante
Domaine Cassaubon, Le, Gilbert Langlois
Doux mal, Le, Andrée Maillet
D'un mur à l'autre, Paul-André Bibeau
Emprise, L', Gaétan Brulotte
Engrenage, L', Claudine Numainville
En hommage aux araignées, Esther Rochon
Faites de beaux rêves, Jacques Poulin
Fuite immobile, La, Gilles Archambault
J'parle tout seul quand Jean Narrache, Émile Coderre
Jeu des saisons, Le, Madeleine Ouellette-Michalska
Marche des grands cocus, La, Roger Fournier
Monde aime mieux..., Le, Clémence Desrochers
Mourir en automne, Claude DeCotret
N'Tsuk, Yves Thériault
Neuf jours de haine, Jean-Jules Richard
New medea, Monique Bosco
Outaragasipi, L', Claude Jasmin
Petite fleur du Vietnam, La, Clément Gaumont
Pièges, Jean-Jules Richard
Porte silence, Paul-André Bibeau
Requiem pour un père, François Moreau
Si tu savais..., Georges Dor
Tête blanche, Marie-Claire Blais
Trou, Le, Sylvain Chapdeleine
Visages de l'enfance, Les, Dominique Blondeau

LIVRES PRATIQUES — LOISIRS

Améliorons notre bridge, Charles A. Durand
* **Art du dressage de défense et d'attaque, L',** Gilles Chartier
* **Art du pliage du papier, L',** Robert Harbin
* **Baladi, Le,** Micheline d'Astous
* **Ballet-jazz, Le,** Allen Dow et Mike Michaelson
* **Belles danses, Les,** Allen Dow et Mike Michaelson
Bien nourrir son chat, Christian d'Orangeville
Bien nourrir son chien, Christian d'Orangeville
Bonnes idées de maman Lapointe, Les, Lucette Lapointe
* **Bridge, Le,** Vivianne Beaulieu
Budget, Le, en collaboration
Choix de carrières, T. I, Guy Milot
Choix de carrières, T. II, Guy Milot
Choix de carrières, T. III, Guy Milot
Collectionner les timbres, Yves Taschereau
Comment acheter et vendre sa maison, Lucile Brisebois
Comment rédiger son curriculum vitae, Julie Brazeau
Comment tirer le maximum d'une mini-calculatrice, Henry Mullish
Conseils aux inventeurs, Raymond-A. Robic
Construire sa maison en bois rustique, D. Mann et R. Skinulis
Crochet jacquard, Le, Brigitte Thérien
Cuir, Le, L. St-Hilaire, W. Vogt
* **Découvrir son ordinateur personnel,** François Faguy
Dentelle, La, Andrée-Anne de Sève
Dentelle II, La, Andrée-Anne de Sève
Dictionnaire des affaires, Le, Wilfrid Lebel

* **Dictionnaire des mots croisés — noms communs,** Paul Lasnier
* **Dictionnaire des mots croisés — noms propres,** Piquette-Lasnier-Gauthier

Dictionnaire économique et financier, Eugène Lafond

* **Dictionnaire raisonné des mots croisés,** Jacqueline Charron

Emploi idéal en 4 minutes, L', Geoffrey Lalonde

Étiquette du mariage, L', Marcelle Fortin-Jacques

Faire son testament soi-même, Me G. Poirier et M. Nadeau Lescault

Fins de partie aux dames, H. Tranquille et G. Lefebvre

Fléché, Le, F. Bourret, L. Lavigne

Frivolité, La, Alexandra Pineault-Vaillancourt

Gagster, Claude Landré

Guide complet de la couture, Le, Lise Chartier

* **Guide complet des cheveux, Le,** Phillip Kingsley

Guide du chauffage au bois, Le, Gordon Flagler

* **Guitare, La,** Peter Collins

Hypnotisme, L', Jean Manolesco

* **J'apprends à dessiner,** Joanna Nash

Jeu de la carte et ses techniques, Le, Charles A. Durand

Jeux de cartes, Les, George F. Hervey

* **Jeux de dés, Les,** Skip Frey

Jeux d'hier et d'aujourd'hui, S. Lavoie et Y. Morin

* **Jeux de société,** Louis Stanké
* **Jouets, Les,** Nicole Bolduc
* **Lignes de la main, Les,** Louis Stanké

Loi et vos droits, La, Me Paul-Émile Marchand

Magie et tours de passe-passe, Ian Adair

Magie par la science, La, Walter B. Gibson

* **Manuel de pilotage**

Marionnettes, Les, Roger Régnier

Mécanique de mon auto, La, Time Life Books

* **Mon chat, le soigner, le guérir,** Christian d'Orangeville

Nature et l'artisanat, La, Soeur Pauline Roy

* **Noeuds, Les,** George Russel Shaw

Nouveau guide du propriétaire et du locataire, Le, Mes M. Bolduc, M. Lavigne, J. Giroux

* **Ouverture aux échecs, L',** Camille Coudari

Papier mâché, Le, Roger Régnier

P'tite ferme, les animaux, La, Jean-Claude Trait

Petit manuel de la femme au travail, Lise Cardinal

Poids et mesures, calcul rapide, Louis Stanké

Races de chats, chats de race, Christian d'Orangeville

Races de chiens, chiens de race, Christian d'Orangeville

Roulez sans vous faire rouler, T. I, Philippe Edmonston

Roulez sans vous faire rouler, T. II, le guide des voitures d'occasion, Philippe Edmonston

Savoir-vivre d'aujourd'hui, Le, Marcelle Fortin-Jacques

Savoir-vivre, Nicole Germain

Scrabble, Le, Daniel Gallez

Secrétaire bilingue, Le/la, Wilfrid Lebel

Secrétaire efficace, La, Marian G. Simpsons

Tapisserie, La, T.M. Perrier, N.B. Langlois

* **Taxidermie, La,** Jean Labrie

Tenir maison, Françoise Gaudet-Smet

Terre cuite, Robert Fortier

Tissage, Le, G. Galarneau, J. Grisé-Allard

Tout sur le macramé, Virginia I. Harvey

Trouvailles de Clémence, Les, Clémence Desrochers

2001 trucs ménagers, Lucille Godin

Vive la compagnie, Pierre Daigneault

Vitrail, Le, Claude Bettinger

Voir clair aux dames, H. Tranquille, G. Lefebvre

* **Voir clair aux échecs,** Henri Tranquille
* **Votre avenir par les cartes,** Louis Stanké

Votre discothèque, Paul Roussel

PHOTOGRAPHIE

* **8/super 8/16,** André Lafrance
* **Apprendre la photo de sport,** Denis Brodeur
* **Apprenez la photographie avec Antoine Desilets**
* **Chasse photographique, La,** Louis-Philippe Coiteux
* **Découvrez le monde merveilleux de la photographie,** Antoine Desilets
* **Je développe mes photos,** Antoine Desilets

* **Guide des accessoires et appareils photos, Le,** Antoine Desilets, Paul Taillefer
* **Je prends des photos,** Antoine Desilets
* **Photo à la portée de tous, La,** Antoine Desilets
* **Photo de A à Z, La,** Desilets, Coiteux, Gariépy
* **Photo Reportage,** Alain Renaud
* **Technique de la photo, La,** Antoine Desilets

PLANTES ET JARDINAGE

Arbres, haies et arbustes, Paul Pouliot
Automne, le jardinage aux quatre saisons, Paul Pouliot
* **Décoration intérieure par les plantes, La,** M. du Coffre, T. Debeur
Été, le jardinage aux quatre saisons, Paul Pouliot
Guide complet du jardinage, Le, Charles L. Wilson
Hiver, le jardinage aux quatre saisons, Paul Pouliot
Jardins d'intérieur et serres domestiques, Micheline Lachance
Jardin potager, la p'tite ferme, Le, Jean-Claude Trait
Je décore avec des fleurs, Mimi Bassili
Plantes d'intérieur, Les, Paul Pouliot
Printemps, le jardinage aux quatre saisons, Paul Pouliot
Techniques du jardinage, Les, Paul Pouliot
* **Terrariums, Les,** Ken Kayatta et Steven Schmidt
Votre pelouse, Paul Pouliot

PSYCHOLOGIE

Âge démasqué, L', Hubert de Ravinel
* **Aider mon patron à m'aider,** Eugène Houde
* **Amour, de l'exigence à la préférence, L',** Lucien Auger
Caractères et tempéraments, Claude-Gérard Sarrazin
* **Coeur à l'ouvrage, Le,** Gérald Lefebvre
* **Comment animer un groupe,** collaboration
* **Comment déborder d'énergie,** Jean-Paul Simard
* **Comment vaincre la gêne et la timidité,** René-Salvator Catta
* **Communication dans le couple, La,** Luc Granger
* **Communication et épanouissement personnel,** Lucien Auger
Complexes et psychanalyse, Pierre Valinieff
* **Contact,** Léonard et Nathalie Zunin
* **Courage de vivre, Le,** Dr Ari Kiev
Dynamique des groupes, J.M. Aubry, Y. Saint-Arnaud
* **Émotivité et efficacité au travail,** Eugène Houde
* **Être soi-même,** Dorothy Corkille Briggs
* **Facteur chance, Le,** Max Gunther
* **Fantasmes créateurs, Les,** J.L. Singer, E. Switzer
Frères — Soeurs, la rivalité fraternelle, Dr J.F. McDermott, Jr
* **Hypnose, bluff ou réalité?,** Alain Marillac
* **Interprétez vos rêves,** Louis Stanké
* **J'aime,** Yves Saint-Arnaud
* **Mise en forme psychologique, La,** Richard Corriere et Joseph Hart
* **Parle moi... j'ai des choses à te dire,** Jacques Salomé
Penser heureux, Lucien Auger
* **Personne humaine, La,** Yves Saint-Arnaud
* **Première impression, La,** Chris. L. Kleinke
* **Psychologie de l'amour romantique, La,** Dr Nathaniel Branden
* **S'affirmer et communiquer,** J.-M. Boisvert, M. Beaudry
* **S'aider soi-même,** Lucien Auger
* **S'aider soi-même davantage,** Lucien Auger
* **S'aimer pour la vie,** Dr Zev Wanderer et Erika Fabian
* **Savoir organiser, savoir décider,** Gérald Lefebvre
* **Savoir relaxer pour combattre le stress,** Dr Edmund Jacobson
* **Se changer,** Michael J. Mahoney
* **Se comprendre soi-même,** collaboration
* **Se concentrer pour être heureux,** Jean-Paul Simard

* **Se connaître soi-même,** Gérard Artaud
* **Se contrôler par le biofeedback,** Paultre Ligondé
* **Se créer par la gestalt,** Joseph Zinker
Se guérir de la sottise, Lucien Auger
S'entraider, Jacques Limoges
Séparation du couple, La, Dr Robert S. Weiss
* **Trouver la paix en soi et avec les autres,** Dr Theodor Rubin
* **Vaincre ses peurs,** Lucien Auger
* **Vivre avec sa tête ou avec son coeur,** Lucien Auger
Volonté, l'attention, la mémoire, La, Robert Tocquet
Votre personnalité, caractère..., Yves Benoit Morin
* **Vouloir c'est pouvoir,** Raymond Hull
Yoga, corps et pensée, Bruno Leclercq
Yoga des sphères, Le, Bruno Leclercq

SEXOLOGIE

* **Avortement et contraception,** Dr Henry Morgentaler
* **Bien vivre sa ménopause,** Dr Lionel Gendron
* **Comment séduire les femmes,** E. Weber, M. Cochran
* **Comment séduire les hommes,** Nicole Ariana
Fais voir! W. McBride et Dr H.F.-Hardt
* **Femme enceinte et la sexualité, La,** Elizabeth Bing, Libby Colman
Femme et le sexe, La, Dr Lionel Gendron
* **Guide gynécologique de la femme moderne, Le,** Dr Sheldon H. Sherry
Helga, Eric F. Bender
Homme et l'art érotique, L', Dr Lionel Gendron
Maladies transmises sexuellement, Les, Dr Lionel Gendron
Qu'est-ce qu'un homme? Dr Lionel Gendron
Quel est votre quotient psycho-sexuel? Dr Lionel Gendron
* **Sexe au féminin, Le,** Carmen Kerr
Sexualité, La, Dr Lionel Gendron
* **Sexualité du jeune adolescent, La,** Dr Lionel Gendron
Sexualité dynamique, La, Dr Paul Lefort
* **Ta première expérience sexuelle,** Dr Lionel Gendron et A.-M. Ratelle
* **Yoga sexe,** S. Piuze et Dr L. Gendron

SPORTS

ABC du hockey, L', Howie Meeker
* **Aïkido — au-delà de l'agressivité,** M. N.D. Villadorata et P. Grisard
Apprenez à patiner, Gaston Marcotte
* **Armes de chasse, Les,** Charles Petit-Martinon
* **Badminton, Le,** Jean Corbeil
Ballon sur glace, Le, Jean Corbeil
Bicyclette, La, Jean Corbeil
* **Canoé-kayak, Le,** Wolf Ruck
* **Carte et boussole,** Björn Kjellström
100 trucs de billard, Pierre Morin
Chasse et gibier du Québec, Greg Guardo, Raymond Bergeron
Chasseurs sachez chasser, Lucien B. Lapierre
* **Comment se sortir du trou au golf,** L. Brien et J. Barrette
* **Comment vivre dans la nature,** Bill Riviere
* **Conditionnement physique, Le,** Chevalier-Laferrière-Bergeron
* **Corrigez vos défauts au golf,** Yves Bergeron
Corrigez vos défauts au jogging, Yves Bergeron
Danse aérobique, La, Barbie Allen
* **En forme après 50 ans,** Trude Sekely
* **En superforme par la méthode de la NASA,** Dr Pierre Gravel
Entraînement par les poids et haltères, Frank Ryan
Équitation en plein air, L', Jean-Louis Chaumel
Exercices pour rester jeune, Trude Sekely
* **Exercices pour toi et moi,** Joanne Dussault-Corbeil
Femme et le karaté samouraï, La, Roger Lesourd
Guide du judo (technique debout), Le, Louis Arpin
* **Guide du self-defense, Le,** Louis Arpin
* **Guide de survie de l'armée américaine, Le**
Guide du trappeur, Paul Provencher
Initiation à la plongée sous-marine, René Goblot

* **J'apprends à nager,** Régent LaCoursière
* **Jogging, Le,** Richard Chevalier
Jouez gagnant au golf, Luc Brien, Jacques Barrette
* **Jouons ensemble,** P. Provost, M.J. Villeneuve
* **Karaté, Le,** André Gilbert
* **Karaté Sankukai, Le,** Yoshinao Nanbu
Larry Robinson, le jeu défensif au hockey, Larry Robinson
Lutte olympique, La, Marcel Sauvé, Ronald Ricci
* **Marathon pour tous, Le,** P. Anctil, D. Bégin, P. Montuoro
Marche, La, Jean-François Pronovost
Maurice Richard, l'idole d'un peuple, Jean-Marie Pellerin
* **Médecine sportive, La,** M. Hoffman et Dr G. Mirkin
Mon coup de patin, le secret du hockey, John Wild
* **Musculation pour tous, La,** Serge Laferrière
Nadia, Denis Brodeur et Benoît Aubin
Natation de compétition, La, Régent LaCoursière
Navigation de plaisance au Québec, La, R. Desjardins et A. Ledoux
Mes observations sur les insectes, Paul Provencher
Mes observations sur les mammifères, Paul Provencher
Mes observations sur les oiseaux, Paul Provencher
Mes observations sur les poissons, Paul Provencher
Passes au hockey, Les, Chapleau-Frigon-Marcotte
Parachutisme, Le, Claude Bédard
Pêche à la mouche, La, Serge Marleau
Pêche au Québec, La, Michel Chamberland
Pistes de ski de fond au Québec, Les, C. Veilleux et B. Prévost
Planche à voile, La, P. Maillefer
* **Pour mieux jouer, 5 minutes de réchauffement,** Yves Bergeron
* **Programme XBX de l'aviation royale du Canada**
Puissance au centre, Jean Béliveau, Hugh Hood
Racquetball, Le, Jean Corbeil
Racquetball plus, Jean Corbeil
** **Randonnée pédestre, La,** Jean-François Pronovost
Raquette, La, William Osgood et Leslie Hurley
Règles du golf, Les, Yves Bergeron
Rivières et lacs canotables du Québec, F.Q.C.C.
* **S'améliorer au tennis,** Richard Chevalier
Secrets du baseball, Les, C. Raymond et J. Doucet
Ski nautique, Le, G. Athans Jr et A. Ward
* **Ski de randonnée, Le,** J. Corbeil, P. Anctil, D. Bégin
Soccer, Le, George Schwartz
* **Squash, Le,** Jean Corbeil
Squash, Le, Jim Rowland
Stratégie au hockey, La, John Meagher
Surhommes du sport, Les, Maurice Desjardins
Techniques du billard, Pierre Morin
* **Techniques du golf,** Luc Brien, Jacques Barrette
Techniques du hockey en U.R.S.S., André Ruel et Guy Dyotte
* **Techniques du tennis,** Ellwanger
* **Tennis, Le,** Denis Roch
Terry Fox, le marathon de l'espoir, J. Brown et G. Harvey
Tous les secrets de la chasse, Michel Chamberland
Troisième retrait, Le, C. Raymond, M. Gaudette
Vivre en forêt, Paul Provencher
Vivre en plein air, camping-caravaning, Pierre Gingras
Voie du guerrier, La, Massimo N. di Villadorata
Voile, La, Nick Kebedgy

Imprimé au Canada/Printed in Canada

2